Johann Christoph Pickert

Lebens=Geschichte

des Unterofficier Pickert

Wir widmen dieses Buch
Dr. Michael Senger
als Dank für lange und bewährte Freundschaft.

Johann Christoph Pickert

Lebens=Geschichte des Unterofficier Pickert

Invalide bey der 7.ten Compagnie

Mit einem Nachwort
herausgegeben von
Gotthardt Frühsorge
und Christoph Schreckenberg

WALLSTEIN VERLAG

Diese kleine Geschichte welche ich von meinem Leben sehr früh anfange, würde bei manchen Leser Zweifel erregen. Da ich in meiner zarten Kindheit nicht wissen kann, was bei meiner Geburt und ehe ich Reden und Denken konnte passiert ist. Ich glaube aber die Reden meiner Mutter und bin überzeugt daß Sie mir keine Unwahrheiten gesagt hat.

Die Zeit erlaubt es mir jetzt, einen kleinen Aufsatz davon aufzusetzen. Ich bin aber kein Schreiber und habe nur wenige Kenntnisse in der Orthographie, man mag mir dieserhalb bei vorkommenden Fällen schonen. Badeln[1] ist leichter, den selber gut zumachen, und sehr ährlich! besser machen als man kann.

Die Kriegs Periode habe ich nur ganz kurtz abgefaßt, den ein Soldat der im Reih und Glied steht und seiner Pflicht getreu ist, der kann von Krieg nicht so viel erzählen, als Einer beim vollen Glase neben den Ofen aus die Zeitung deklamiert.

1 baddeln: albern, dummreden (Berghaus, Bd. 1, S. 72)

Lebens Geschichte

Stiefvater: Christoph! Hole mir ein packeth Toback.

Stiefsohn: (Die Hände in die Seite gesetzt und den Stiefvater von der Seite angesehn)
Na ja! dat wäre so wat vor ein Toback to holen!

Stiefvater: Nun höre einer den Jungen an – was er sich untersteht zu sagen!
Und sehe ihm einmal ins Gesicht.

Mutter: Er ist ein dummer Junge, er spricht das so hin, ohne, sich weiter hierbei zu bedenken, und überdem er kennt keinen Vater, den so lange er auf die Weld ist, bin ich stehts mit ihm allein gewesen dieserhalb denkt er auch in seiner kindischen Einfalt brauche er für keinen andern etwas zu thun als für mich,

Stiefvater: Dieses kann ich ihm aber doch nicht übersehn, er muß Prügel haben damit er weis daß ich sein Vater bin, stehts auf meine Worte achtet, und meine Befehle gehorcht, und ich werde ihn auch gleichzeitig lehren daß er mir Vater nennt, hast du es schon gehört daß er Vater zu mir gesagt hat?

Mutter: Nein! ich habe es noch nie vernommen, und indem ist ihm dieser Mann sehr unbekant weil er noch nie mit eigner wahrer Vater liebe behandelt worden ist, so ist auch seine kindliche liebe gegen einen Vater unbekant.

Stiefvater: Kann aber ein rechter Vater anders und besser handlen gegen sein eignes Kind als ich gegen ihm handle?

Mutter: Du handelst gegen den Jungen wie mancher rechte Vater nicht gegen sein eignes Kind! Daß ist wahr; – Und indem reistest du ja gleich nach der Hochzeit nach Magdeburg, bist gestern erst wieder gekommen, die Zeit über mier und den Jungen kein Leidgethan, Du kennst kaum den Jungen, der Junge kennt dier aber gar noch nicht; aber dennoch glaube mir das wahre und rechte Vaterliebe über alles geht, und du wirst solche auch nicht eher kennen lernen, bevor du wirklicher Vater bist: Denn es geht nie von Hertzen was nicht aus den Hertzen kömmt.

Stiefvater Ich glaube es Dier schon, den du sprichst aus der erfahrung, – sag mal, wie Alt ist den Christoph jetzt?

Mutter Er ist vier und ein halb Jahr alt, frag ihm doch selber einmal

Indem ich es ihm schon mereren mal gesagt habe wie Alt er ist, ob er es woll noch weis und unser Herr Vetter auch zugleich hört was er kann.

Stiefvater. Christoph wie alt bist Du?

Stief=Sohn. Vier und ein halbes Jahr!

Stiefvater. Komm doch zu mir her und erzähle uns doch was Du weist!

Ich bitte Sie lieber Herr Vetter lassen, Sie sich die zeit nicht lang werden die Glocke hat geschlagen und ich muß zu meiner Arbeit Adie!

Vetter: Christoph! wier sind nun jetzt beide allein, da kanst Du mier woll was erzählen!

Christoph. Lieber Herr Vetter! indem ich Ihnen anjetzo nur unbedeutendes sagen kann so wünschte ich woll daß Gott uns unser Leben so lange erhalten möge bis ich meine nur unbedeutende Geschichte Ihnen schriftlich übergeben könnte, und ich werde bestimmt mein Wort halten.

Vetter: Bravo! Bravo! Und sei es auch nach mehrere Jahresfrist, so wird es mir dennoch freude machen.

Christoph. Nach vielen Beschwärden in Kriegs und Friedenszeiten und nach einer Dienstzeit von zwanzig Jahren, konnte ich wegen Netzschwäche[1] und mehrere körperliche Fehler die ich durch die schwäre Strabatien[2] erhalten, den stehenden Heer nicht länger dienen, und kahm von sechsten Kürassier Regiment zur siebenten Invaliden Compagnie,[3] wo ich nun zeit genung habe meinen früheren Wunsch vollführen zu können. Ich denke jetzt zurück an die schon erlebten Tage, wo ich Freude und Trauer, Beschwärden und Vergnügen entfandt welches man auch aus mein ferneres Schreiben ersehen wird.

Meine Mutter war die jüngste Tochter eines Schneidermeisters Namens Pickert, welcher aus der Rheingegend gebürtig war, welchen Ort aber weis ich nicht, in Neu=Haldensleben[4] Meister ward und so viel ich weis sich mit seiner Familie durch seinen unermüdeten Fleiß gut ernährte. Da

1 Blasenschwäche
2 Strapazen
3 Kürassier-Regiment Kaiser Nikolaus I. von Rußland. Brandenburgisches Nr. 6. 7. »Invaliden-Compagnie« in Brandenburg
4 Haldensleben, Kreisstadt des Ohrekreises, Sachsen-Anhalt, ca. 25 km nördlich von Magdeburg

er Raum und Betten dazu hatte, so waren einige Schüler der großen Schule bei ihm in Schlafstelle; unter diesen Schülern war der Sohn eines Küsters aus Oebisfelde Namens Günzel, welcher Margarethen die vorbenante Tochter des Schneidermeisters liebte, um sein gutes betragen und die von Ihm erwartete Ehrlichkeit fand er gegen Liebe von Margarethe, und ich ward nachdem die Frucht der Liebe. Zu späht bereueten beide ihren Fehltritt den sie gethan hatten und sahen nun erst ein was für üble Folgen es hatte, den er war noch Schüler und würde dieserhalb die Schule verlassen haben müssen und sein Ziehl zum Glücke welches er nachher gemacht hat, nie erreicht haben, wenn nicht mein Grosvater ein alter guter und braver Mann war, der sich über das Wohl andern Menschen freuete und jeden bedürftigen Nohtleidenden und Unglücklichen gerne half wo er nur konnte, so versprach er auch den g. Günzel seinen Namen zu verschweigen und ich ward nachdem auf Seinen oder seiner Tochter Namen getauft. Der g. Günzel dankte vielmals den Grosvater, und Mutter für die Güthe die Sie an ihm bewiesen, versprach auch zugleich so bald er könne, wollte er thun was ihm nur Möglich wäre und wolle sie nie verlassen, welches er ihr auch schriftlich hinter lies.

Das Neu=Jahr 1787 kahm heran und meine Mutter hatte den ersten Januar eine solche Eßlust zum Sauren Kohl, und that sich auch den Magen dermaßen damit so überladen das es mir unerträglich ward länger in dem Sauren Kohlbauch zu verweilen indem meine Mine schon finster war und durch diese scharfe Säure noch finsterer werden konnte, um dieses nun zu verhüten reiste ich den Weg den wier in unsern Leben nur einmal reisen; auf diese Art kahm ich
1787 den zweiten Januar Ein Tausend sieben hundert sieben und achtzig des Morgens zwischen acht und neun Uhr auf die

Weld an. Ich glaubte mir nun verbesser zu haben und sei nun alle Plagen und Ungemach entgangen, aber weit gefehlt hier kamen erst Beschwärden die ich nie zu ertragen glaubte, den es dauerte nicht lange so bekahm ich die Pocken, wovon ich meheren Tage blind lag und mir erschröcklich quälten, nach den Pocken erhielt ich Zähne welche jedes mal mit einer krampfhaften Krankheit begleitet waren. Bei die vielen Beschwärden die meine Mutter ertragen mußte war sie dennoch immer gutes Muthes und that alles recht gerne, was sie nur zu meiner guthen Erziehung und Wohl thuen konnte.

Margarethe hatte sich die Schneiderei von ihren Vater sehr gut angenommen und hatte auch dieserhalb viel zu thun, den die Mädchens saß nie etwas recht und passend wenn es nicht Gredchen Pickers gemacht hatte. Sie hatte sich auch wirklich darin sehr geübt, den Mädchen den Rock recht kraus und rund nach ihren Gefallen bearbeiten zu können und das Kamesol[1] wuste sie mit einer Talje nach der damaligen Mode so gut zu stutzen,[2] daß die Mädchens Stolz mit Gredchen ihrer Arbeit prangten. Um ihre Kundschaft zu befriedigen und stäter bei ihrer Arbeit verbleiben zu können, miethete sie sich eine Frau die mir stehts wartete; nun bekahm ich es eine zeitlang recht gut und brauchte nicht mehr Stundenlang bei ihr auf dem Tisch sitzen, um aus lange weile mit die Flicken herrum kramte, wobei ich mit Mauersteinen belegt war damit ich nicht umfiel. Diese meine Wartefrau ging mit mir spatzieren, pflückte mir Blumen und spielte mit mir, auch brachte sie mir bei andern

1 frz.: camisole, (Unter-)Jacke, Wams
2 zurechtmachen, passend machen (DWB, Bd. 10, Sp. 772)

Kindern, wo ich mit Spielen konnte, welches mir ausserordliches Vergnügen machte, weil ich solches noch nie genossen hatte, sie war stehts bemüht mir gut zu unterhalten und ihre Sorgfald und Liebe zu mier zog mir so an ihr, daß ich lieber bei meine Wartefrau als bei meine Mutter war. Es war auch wirklich eine gute Frau, höflich und bescheiden, auch dabei sehr reinlich, letzteres aber will ich dennoch nicht so sehr behaupten indem sie mir in kurtzer zeit einen häßlichen Ausschlag an erbte, nun blieb ihr also weiter nichts übrig als das Sie mit einen derben Verweis entlassen wurde. Nun war ich wieder gänzlich meiner Mutter überlassen, welche mir durch ihren unermüdeten Fleiß, von meiner Krankheit die mir schrecklich angrif und Tag und Nacht keine Ruhe gönte, bald wieder unter den reinen Menschengeschlecht herstellte, und zum Lohn nach einer so üblen Krankheit bekahm ich einen neuen grünen Rock, woran rechte blanke Knöpfe am Hintertheil waren.

Meine Grosältern forderte der Todt in die Ewigkeit und Margarethe war sich nun allein selbst mit ihrem Sohn überlassen welches ihr sehr kränkte, weil sie die Stütze ihrer Eltern verlohr und sich nun allein ihren Lebensunterhalt zu verschaffen suchen mußte, letzteres war ihr zwahr nicht schwierig weil sie von ihren Eltern stehts zur Arbeit angehalten worden war, und solche auch mit unermüdeten Fleiß und Geschicklichkeit ausführte.

Unsere frühere Wohnung mußten wier verlassen und bezogen eine Stube im zweiten Stock bei den Tuchmachermeister Krüger, eine Römisch Katolische Familie aber sehr gute und freundschaftliche Leute, welche mir in der Gesellschaft mit ihre älteste Tochter wenn sie zur Kirche gingen stehts nach den Junfern Kloster in Alt Haldensleben mitnahmen, wo ich bei den Nonnen sehr gute aufnahme fand und eine jede wollte mir immer gern haben um mit mir zu tändeln[1] und zu küssen.

Zu jedem herannahenden Sonntag hatte ich großes Verlangen und meine Freude war groß, wenn ich mir als dann in einem neuen Taftrock, einen runden Huth wovon ein langes rothes seidenes Band flatterte, sah, und so dann in der Gesellschaft mit meinen Freunden nach Alt=Haldensleben ziehen konnte um meine Beute von den dortigen Nonnen zu holen, welches gewöhnlich in Obst bestand.

Es führte eine etwas steile Treppe zu unß in der zweiten Etage herrauf, beim Spielen kahm ich einstmal selbiger zu nahe und fiel aus versehen herunter, so daß ich Sinnlos auf den Boden lag, Meine Mutter die mir für Todt hielt, wußte nicht was sie mit mir machen sollte und ich muß wahrscheinlicher weise eine zeitlang in diesem Zustande gelegen habe, den da sie erst nach anrathen guter Freunde mir mit einer Trauer Birken=Ruthe tüchtig hieb, und dadurch erst mir wieder ins Leben zurück rief.

Meine Mutter suchte sich des Tags eine zeitlang von mir zu entledigen, und Dorothea die älteste Tochter des Tuchmachermeister Krüger nahm mir Täglich beim Orgalist[2] Schirks in die Schule mit sich, um etwas zu erlernen war ich noch zu klein, und darum gab man weiter auf mir nicht acht wenn ich nur ruhig und stille wahr; eines Tages will ich in die Schulstube gehen und das vor mir gehende Mädchen wirft die Thüre so schnell zu und klemt mir den einen Finger recht ordentlich, nun läßt sich denken das ich nicht schlecht schrie, die Frau Schirks suchte mir die Schmertzen

1 spielerisch umgehen (DWB, Bd. 11, Sp. 107)
2 Organist

durch eine Tüte voll Rosienen welche sie mir gab zu erleichtern und behielt mir bei sich in ihre Stube.

So verstrichen einige Jahre sehr ruhig und vergnügt, wo ich des Tages auf mein Stecken=Pferd ritt, ein Reuterlied dazu sang und so den Tag über mir bei den andern Kindern herumtummelte. Margarethe hatte hingegen niemand, derzeit viele Arbeit in der Stadt sowie auch auf den Lande; ersteres brachte ihr zwahr das meiste Geld, letzteres hingegen aber wieder mehr an Victualien, Fleisch, Speck, Wurst, Hülsenfrüchte pp lieferte, kurtz von der Sache unsere Vohrrath=Kammer war mit Lebensmitteln so angefüllt das wier beide nicht im Stande waren es zu verzehren.

Margarethe war ein Frauenzimmer, voll, wie der volle Mond, mit allen Weiblichen Reizen von der Natur ausgeschmückt, fleißig wie eine Biene und mit allen Wirdschaftlichen Vorrath versehen! sollten sich hier nicht mehrere dazu finden die sich um ihr zu besitzen, würden bemühen. Dies konte auch hier nicht verbleiben, und indem da ihrer Wunsch und Wille auch mehr nach einen Manne als nach einen Kloster wahr so fand sich den auch bald einer. Der älteste Sohn des Gerichtsdieners Namens Hick ein Musketier von Prinz Lui Regiment[1] bewarb sich um ihr, und erhielt auch ihre Hand. Ich freute mir, weil ich einen Vater zubekommen erwartete, wobei ich es gut haben würde. Die Zukunft wird es aber lehren, wie ich – und noch mehr meine Mutter sich getäuscht hatte. Die Sache ging vor-

1 »Musketier«: Bezeichnung für den mit einer Muskete (Gewehr) bewaffneten Infanteristen. »Prinz Lui Regiment«: Infanterie-Regiment Prinz Louis Ferdinand von Preußen Nr. 27 (2. Magdeburgisches)

wärts, die Hochzeit wurde gemacht, kurtz und gut Margarethe wahr nun Frau Hicken.

Ihre beiden Schwestern waren aber äuserst unzufrieden das sie sich an einen Soldaten verheirathet hatte, den selbiger Zeit wurde dieser Stand wenig geschätzt. Die grösten Vorwürfe bekahm sie von ihrer zweiten Schwester welche an einen Schlossermeister Namens Brauns in Magdeburg verheirathet war. Die älteste Schwester war Oberaufseherin beim Mädchen=Waisenhauße in Potsdam, verheiratete sich dort noch späth mit einem gewißen Rietz, von selbigen habe ich aber weiter nichts erfahren können, ihr Bruder war schon früher in die Fremde, und man hat nachher nie etwas wieder von ihm erfahren. Die älteste Schwester ihr Sohn ausser Ehe, Namens Rudolfi war Prediger in der Gegend bey Frankfurt an der Oder, dieser starb in seinen besten Jahren.

Es beunruhigte ihr angfänglich sehr weil es ihr von der Schwester in Magdeburg gänzlich untersagt wurde ihren Mann bei ihr nur mitzubringen, und überdem weis ich auch von ihrer Verwandschaft nicht viel zu sagen, weshalb ich sie auch weiter nicht in erinnerung bringen mag.

Das junge Ehepaar lebte angfänglich sehr glücklich welches aber nicht allzu lange dauerte. Den Tag nach der Hochzeit mußte Hick nach Magdeburg um die Revue[1] dort mit zu machen. Hierzu wurde ihm Sack und Beutel gespickt welches ihm recht wohl gefiehl, den bei seinen Eltern wurde ihn nicht viel gereicht. Sein Vater ein alter böser Mann, der nach aussage meiner Großmutter, frühere Zeit das Brod

1 Parade für eine vom militärischen Befehlshaber vorgenommene Musterung der Soldaten

und Fleisch genommen, was er übrig gelassen hat wenn er sich satt gegessen hatte, es zerbrockte, und es mit Füssen an der Thüre zertrat, ehe er es seine Frau und Kinder hat zukommen lassen, und wenn Sie sich hätte heimlicher weise ein Stückchen Brod abgeschnitten, welches er ihr nie erlaubt habe, und er habe es nach seiner Bezeignung bemerkt, so sei sie davor entsetzlich gemißhandelt und gescholten worden.

Gegen Pfingsten nach geendigter Revue kam er auf erhaltenen Uhrlaub wieder in Neuhaldensleben an, machte die Mutter mit ein Gechenk eine große Freude welches er ihr von Magdeburg mit brachte; mier schmeichelte er mit Leckerbissen und glaubte mir dadurch an sich zu ziehen, dies schlug ihm aber fehl, den nur durch zuredung meiner Mutter nahm ich es von ihm an, wobei ich ihn mit großen Augen ansah, und stillschweigend mir wieder von ihm zurückzog; wollte er mir zu sich nehmen so konnte er kaum mein sträuben wiederstehen, hieß er mir was für sich zu thun, so glaubte ich dieses nicht Nöthig zu haben, und sagte ihn woll gerade ins Gesicht ich sei sein Bedienter nicht er möge sich doch alleine bedienen. So sehr er auch nachher mit Güthe und Gewald in mir drang, mich gegen ihm zu schmeicheln, so blieb ich dennoch ohnerachtet seiner Mühe immer zurückhaltend gegen ihn. Ich muß ihn dennoch rühmlich nachsagen daß er mir stehts sehr liebte, und hat mir auch nie böse behandelt.

Bei der Schützen Compagnie der jungen Bürger war er Tambur,[1] von welchen er wegen sein gutes Trommeln jedesmal recht gut bezahlt wurde. Er war ein Ziegeldecker und hatte den Sommer auch stehts gute Arbeit, wovon er

1 frz.: tambour, Trommelschläger

sein Prehmen Lohn[1] drey und einen halben bis vier Thaler dar brachte; nach verlauf einer Zeit nahm dies aber ab! und brachte statt vier Thaler nur jedes mal einige Groschen über einen Thaler, auch wol noch weniger, kahm in der Gesellschaft seiner Kammeraten wo er mit arbeitete, späht und besoffen zu Hauße welches Sie ruhig ertrug und sich wegen ihrer vielen Arbeit weiter nicht um ihn bemühete.

Dies dauerte aber zu lange, und da er meistentheils wenn er zu Hauße kahm zu zanken anfing, so verlohr auch Sie die Geduld, es länger zu ertragen, sie spähete ihm dieserhalb nach, um seinen liderlichen Aufenthalts-Ort zu entdecken. Sie traf ihn aber an einem Ort wo sie es sich nicht vermuthete, nemlich, bei einer Bulerin! welche er schon seit frühere zeit liebte, und jetzo noch mit ihr seinen verdienten Lohn verscherbelte und verthat. Es ließ sich denken das Sie bei dieser Ansicht nicht kaltblütig und gleicher Gesinnung bleiben konnte, sondern, das sich alles in ihr empöhrte weil sie selbst sahe daß Sie so schrecklich betrogen wurde. Bei den Anblick ihren ungetreuen Mann, neben einer tugendvergessenen Person, sitzend beim vollen Gläser Klang, machte sie ihren Hertzen Luft und hieß mit etwas lauten Tone! Sie nicht für die besten Leute aus. Er sprang hinter ihr her konnte ihr aber wegen ihrer Schnelligkeit nicht habhaft werden, sondern berürte sie nur blos mit seinen Schnupftuch. Er kahm des Morgens früh erst nach Hauße und ging dan sogleich wieder nach seiner Arbeit; es vergingen mehere Tage wo sie nicht zusammen sprachen; werend der Zeit lies sie es ihn wissen, daß, wenn er an das lüderliche Leben ferner theil nehmen wolle, so solle er seine

1 Prämien-Lohn: Lohn für besonderen Fleiß

Mondierung[1] nehmen und sich aus dem Hauße packen, und sie würde ferner hin ihn nie mehr kennen; auch sein Vater versprach ihm, daß er wolle an Regiment schreiben, das er nie wieder Uhrlaub bekähme. Dies fruchtete bei ihm, er lies von das liederliche Weib ab, aber doch nicht ganz von faulenzen und saufen, und ward auch nie der beste Bruder nicht.

Nach der Zeit ging es so passabel, den Winter über spann er Wolle für den Tuchmacher, worin er eine große färtigkeit hatte, und im Sommer arbeitete er auf den Dorfe als Ziegeldecker.

Eines Tages arbeitete er bei dem Schaf=Meister Melle, oben am Schornstein, da brach eine Latte unter ihm, und er fiel von oben herrunter bis unten im Keller, woraus man ihn halb Todt nach Hauße brachte; nach ein mehr wochendliches Krankenlager ward er wieder gesund und arbeitete den Sommer über so lange es die Witterung erlaubte.

Die Mutter war einigemal sehr krank, wo man an ihrer Genesung zweifelte, welches Sie sich durch inneren Grahm und Ärger zugezogen hatte. Sie erhielt hierdurch auch eine Schwäche die Sie zeit ihres Lebens behielt.

Ich besuchte wärend der Zeit fleißig die Schule, bei dem Herrn Küster Zitter, wo ich immer frühzeitig eintraf um mir in meiner Spielgesellschaft braf herum tummeln zu können, wobei sich öfters fünf bis sechs Jungens an meinen geflochtenen Haarzopf fingen, wo ich so kräftig darinn war, selbige alle daran fort zu ziehen. Hier erlernte ich auch, (wenn der g. Zitter mit seinen langen Stock den Buchstaben im A.B.C. nach der Reihe zeigte und sämtliche Kinder

1 Montierung, Montur: Ausrüstung, Uniform (Paul, S. 672)

den Buchstaben alle mit einem Kreischenden Ton nannten), das A.B.C. blarren.[1] Mein Stiefvater um meine Kenntnisse zu prüfen frug mir ob ich das A.B.C. schon kenne ich antwortete ihm, Ja! er zeigte mir Buchstaben dessen Namen ich nennen sollte, ich konnte ihm aber keinen Buchstaben nennen, indem ich sie nur immer den Gehör nach, nach geschrien hatte und dieserhalb das A.B.C. wol blarren aber nicht lesen konnte; er gab sich nun des Abens in den Feierstunden mehr mühe mit mir, um mir etwas zu lehren, auch beauftragte er zugleich den Hern Küster Zitter sich mehr mühe mit mir zu geben, welches dann auch geschah. Ich machte Fortschritte, lernte lesen, etwas schreiben und fertig das ein mal eins, ich avangierte[2] und kahm in die große Schule.

Werend der Zeit mußte das Regiment Prinz Lui wo er unter stand marschieren um eine Demakations Linie zu ziehen. Jetzt ging es Ihr doch nahe sich seiner entledigt zu sehen. Sie ging nach einen ohnweit Neu-Haldensleben liegen Dorf wo er Nachtquartier erhielt, um ihn dort nochmals zu besuchen und Abschied von ihme zu nehmen; es geschah beiderseitig mit der größten Theilnahme des Gefühls, und schwährmüthig schieden beide von einander. Ich nahm wenig Antheil an dieser Bekümmerniß, den ich fand meine Flügel bei seiner Abwesenheit weit mehr in freier Luft und da ich mir bei seiner Abwesenheit mehr allein über lassen wahr, so ging ich stehts meinem Spiele nach, um zu Hauß meine Aufgaben zu erlernen; dies reitzte meine Lehrer das sie weniger Acht auf mir hatten, und mußte ich etwas leisten, so ward es meistentheils mit Schläge

1 schreien (DWB, Bd. 2, Sp. 66)
2 frz.: avancer, vorrücken

begleitet. In der Teologie machte ich gute Fortschritte und erwarb auch hierin Lob.

Es war den Eltern und die Genui des Schülers selbst überlassen meheren Artikel zu erlernen, was zu einer guten Ausbildung eines Menschen gehört. Da meine Mutter solches aber nicht konnte, und ich im Latein wegen Nachlässigung rechte derbe Prügel bekahm, so verlies ich solche und besuchte auch nie etwas weiteres.

Meine Mutter glaubte ich besässe alle Klugheit und war stolz auf mir, weil ich ihr die Briefe die Sie von ihm erhielt gut und deutlich vorlesen konnte, ich beantwortete solche auch zugleich, letztere diktierte sie aber selbst.

Bei diesem Briefwechsel schmeichelte er sich in einige Briefe sehr, wo von ich mir! weiter nichts dachte, bis er in den folgenden Brief ihr um Geld ersuchte. Ihre Gedanken das er sich seine frühere Ausschweifung wieder ergeben habe, musten ihr auch woll nicht fehlschlagen, indem ein Soldat auf solche unbedeckende Marsche und in Kantonierungs-Quartier[1] bei wohlhabende Bauern wie in der dortigen Gegend sind, wo sie standen nicht gut mit seinen Traktament[2] aus kommen kann; so schickte sie ihm dennoch was. Mehrere Karabinier[3] welche gleichzeitig in der dortigen Gegend standen, machten ihren Frauen Präsänter,[4]

1 Quartier innerhalb des Kantonssystems des preuß. Heeres, Zuordnung eines bestimmten Bezirks im Staat für jedes Regiment zur Rekrutierung und Einquartierung

2 Bewirtung, Besoldung von Heeresangehörigen (Fremdwörterbuch, Bd. 5, S. 370 f.)

3 mit leichtem Gewehr (Karabiner) bewaffnete Reitertruppe, hier: Angehöriger des preuß. »Leib-Carabinier-Regiments«, das seit 1718 in Neuhaldensleben stationiert war

4 frz.: présent, Geschenk

schickten ihr Tücher und Geld, welches unter den Weibern in einen solchen kleinen Städchen gleich der Reihe nach herrum war, und der Inhaber eines solchen Geschenk machte sich jedes mal damit sehr wichtig.

Dies ärgerte ihr, weil sie gahr nichts von ihm aufzuweisen hatte, er immer noch eher was von Ihr haben wollte, so machte sie ihm hierüber in den nächsten Brief die bittersten Vorwürfe. Er antwortete ihr aber kurz, sie verdiene genung, wo sie könne mit auskommen, und er würde sich darum nicht quälen und nothleiden, um ihr, die sich besser stünde als er, etwas zu schicken, sein ganzes erspahrtes Vermögen schicke er ihr hier; und dieses wahr ein rechter neuer blanker Pfennig. Da beim aufmachen des Briefes ihr dieses blanke Geldstück gleich in die Hände fiel so war sie ausser sich für Freuden, und glaubte ein Goldstück, einen Luidor[1] oder Dukaten zu haben, Sie frug mir was es für ein Goldstück sei, ich sagte ihr, es sei ein Pfennig. Bist du dumm! Sie blieb dennoch bei ihren Gedanken, bis sie sich bei andern nach den Werth ihres erhaltenen Geldes erkundigte und sich nun wirklich getäuscht sahe. Weil ich ihr die Briefe jedes mal vorlesen mußte so befahl sie mir seinen Inhalt weiter zu lesen, und ich laß weiter: Liebe Frau wier haben hier nicht so ganz Faulenzeit nach deiner Meinung, kommen ofte auf Wache, müssen viele und beschwährliche Kommandos thun, und kommen auch nicht ganz ruhig wegen die Ausländer im Quartier aufs Nachschlafen, wenn du dich sorgenloß und gesättigt, dir in deine Federn einhüllst, den ich wäre zufrieden, wenn ich könne mit meinem Kopf liegen wo du mit deiner Vooze liegst: Wie heist das!

1 frz.: Louisdor, Goldmünze

frug meine Mutter, indem ich etwas dabei stotterte, ich laß es noch einmal. Striek uth striek uth mein Sohn! ich durch strich es, sie nahm mier aber die Feder aus der Hand und machte einen derben Klex auf das Wort V: damit es nicht zu lesen war wenn je ein anderer den Brief in die Hände bekahm.

Nach beiderseitigen Aussöhnung reiste sie zu ihm. Eine solche beschwährliche Reise, geschah es aus Liebe oder Eifersucht! das weis ich nicht. Bei ihrer Abwesenheit bekahm ich Mittag und Abendessen von dem Leineweber Freitag. Brod besorgte mir die Mehlfrau aus Suhldorf. Des Nachts! um die Gefahr, und damit mir nicht fürchtete sollte Christian Kunze bei mir schlafen, der sich diesem Auftrag aber bald entsagte, weil ich wegen das Spielen und Nachlässigkeit, das Bette ofte des Abens noch nicht gemacht hatte, wen er zu Bette gehen wollte, so mußte ich dieserhalb alleine schlafen. Beim Schlafengehen hatte ich die gewohnheit, daß ich jedesmal erst auf den Kasten stieg, welcher zum Füssen am Bette stand, auf das Bette trat, hierbei, mir mit den Händen an den Träger oder Garnbalken faßte, welcher theilweise oben offen wahr, und an der selbigen Rolle wo ich immer anfaßte, hatte sich vor einigen Jahren eine alte Frau erhänkt. Schaudernt baumelte ich, ha! das alte Weib; sprang mit einem Sprung ins Bette, deckte mir bis über die Ohren zu und schlief so dann ein. So war ich über eine Woche ganz allein, besuchte werend der Zeit oft meine Großeltern, besonders die Großmutter die mir ofte Brod und Obst gab.

Die Mutter kahm gesund von ihrer Reise wieder retur, und brachte weiter nichts mit, als den lehren Geldbeutel.

Ich hatte in meinen Schulkentnissen wenige fortschritte gemacht, den wen ein Knabe nach seinem eignen Willen handlen kann, ist traurig für ihn, welches ich auch noch den heutigen Tag bereue. Ich ward im Singe=Corps aufgenommen und war hierauf sehr stolz wen ich im Rock, den Mantel vom Rücken über den Arm geschlagen, und in dreyeckigten Huth mit meinen mit Schüler vor ein vornehmes Haus uns in einem Kreis gleich einem halben Mond aufgestellt hatten! ich ein Solo sang! wo zu der Profectus Groß in unserer Mitte den Tackt dazu angab.

So wie früher die Mutter so bekahm auch der Vater sähnliches Verlangen zu unß, er erhielt auf längere zeit Uhrlaub, und traf bei uns an, daß wir uns ihm gar nicht vermutheten. Werend dieser zeit bekahm ich die rothe Ruhr,[1] ein starkes schneiden in den Gedärmen veruhrsachte mir große schmertzen, wo bei er bei mein gewaltiges schreien mir mit vorgehaltenen Stocke schweigen geboth, er meinte es aber nicht so böse. Mittler weile meine Mutter mir dicken, ungesalzenen und ungefetteten Roggenmehlbrei, Semmelscheiben in Hammeltalg, Wurtzelmark pp mir zu essen zwang, um mir von der Krankheit zu heilen, ich war es aber nicht vermöge etwas zu essen. Ich ward stille man hoffte besserung aber leider das Scharlachfriesel[2] machte das man an meine wieder genesung zweifelte. Diese Krankheit hatte mier so angegriffen das ich bei meinen Aufstehen nicht gehen konnte, für Freude meiner genäsung, bekahm ich einen großen dreieckigten moden Huth, worin mein abgezehrtes Gesicht angfänglich nicht paßte. Vater mußte wieder zum Regiment und ich und meine Mutter blieben wieder allein. Nach meiner Krankheit wurde ich so groß

1 schwere Darmerkrankung
2 Hautausschlag bei Scharlacherkrankung

und stark, daß ich mir unter den Kindern mit mir gleiches Alter sehr auszeignete, meine Mutter beschloß dieserhalb, mir, noch nicht volle zwölf Jahre alt, beim Inspector hier Bäten zu schicken, und wurde auch kurz vor den Osterfeiern mit zur Einsegnung aufgenommen; welches ich auch mit der ersten Jünglings=Kraft und Zufriedenheit meines Lehrers und Zuhörers begann.

Dieser Winter, Ein Tausend sieben hundert Acht und
1799 neunzig, und neun und neunzig, war der froheste und glücklichste den ich je gehabt habe, und denke noch heute im freundliches Lächeln an die Zeit zurück, wo Freundschaft und kindliche Liebe in unser vertraulichen Gesellschaftskreis, beiderlei Geschlecht, war.

Diesen Winter beschäftige sich meine Mutter mehre Abende mit Spinnen, mehrentheils in der Gesellschaft bei die Mume Krautemann; dessen Tochter, Marie, auch zu ihrer Gesellschaft noch mehre Mädchens zu sich einlud. Ich und mein Vetter Gottfried, nahmen antheil an dieser Gesellschaft, Rudolf Lemeke und Christian Schenk auch zu weilen, und späterhin kahmen letztere beide gar nicht mehr und nun Rudolf nach Wollmierstädt[1] bei den Stadtmusikus Hinner Hollmann kahm, und Christian durfte nicht ofte weg gehen.

Warend der zeit die Mädchens spannen, erzehlten, schwatzten und tändelten wier miteinander. Um neun Uhr wurde bei den Mädchens der Rocken bei seite gesetzt, Rudolf spielte die Geige und wir tanzten mit einander, auch wurde abwächselnd diese Stunde um Pfänder gespielt.

1 Wolmirstedt, Stadt im Ohrekreis, Sachsen-Anhalt, ca. 15 km nördlich von Magdeburg und 15 km östlich von Haldesleben

Ich bemerke hierbei noch das wier alle Ziemlich gleichen Alter waren, und gingen auch alle so wie wier in unsern Gesellschaft beisammen waren das Jahr zu gleich beim Prediger hin beten.

Unter die Gesellschaft war ein stilles artiges, bescheiden und schönes Mädchen mit Namen Dorothea Ganssen; welche ich still und mit beklommenen Härtzen die Hand zum Willkommen reichte, Sie dankte mir lächelnd, schlug ihre Augen nieder und setzte sich. Gern setzte ich mich neben ihr, mein Mund war die erste Zeit neben ihr unerschlossen, aber laut sprach das Herz, ich liebe Dich! Sie vergas ofte das Spinnen wenn wier miteinander tändelten wobei ihr öfters der Faden riß, ich nahm ihr als dann schertzhaft den Rocken, den sie willig und ungezögert durch einen Kuß wieder von mir abforderte, wobei sich jedes mal ihr Gesicht mit einer sanften Röthe überzog; nach geendigtem spinnen wählten wier uns beiderseitig gern zum Tanzen, und beim Pfänderspiel frohlockte wier. Über den andern, wenn es einen von unß traf ein Pfand darzuthun. Beim auslösen der Pfänder ward ich beglückt, wenn die Wahl unserer Gesellschaft uns beide zu sammen führte, gern erwiederte Sie mir die Küsse, die ich auf ihre rosa Lippen drückte; wenn sie mir mit ihrem zarten Arm umschlang, umgaukelte uns der Unschuldsgott der Liebe, und unsere Härtzen flüsterten uns einander zu: Ich bin Dier gut! War sie früher dort als ich! so kahm sie zu uns, um mir abzuholen, als eines Abens in der Dämmerung Sie sich bei meinen herein treten in die Stube, auf meiner Mutter Schoß versteckte, Sie war aber nicht lange verborgen vor mir, ich setzte mich zu ihr und verbrachten beide die Abenddämmerungs-Stunde im Schärtze wie ein paar Tauben, und führten uns nachdem beide im Kreise unserer Gesellschaft. Dieser Winter war ein Frühling für mich; denn meine Dohris blühete ja! und ich nannte sie mein! Wer war froher und glücklicher als ich! Wenn sie mir entgegen hüpfte; mir zu sich zog und sagte: Lieber Christel! – Liebe Dohris! – fest umschlungen, siegelten wier das Pfand der Unschulds vollen Liebe auf unsern Lippen.

Rudolf ging noch vor das Weinachtsfest nach Wollmierstädt um die Musik dort zu erlernen, ich und Gottfried blieben beide allein beisammen in unsere Gesellschaft, ohne weitere Aufnahme, so auch die Mädchens, wollte sich ja eine zu ihr drängen, so wußten sie durch verstellung und List es zu bewirken, daß sie ohne sich zu setzen ihren Abschied wieder nehmen mußte; so wie z.b. bei die branten geschah, welche gern aus die Schule plauderte und dieserhalb schlechterdings nicht zu uns aufgenommen werden konnte.

Die Zeit verstrich in Freude und Wonne. Gottfried folgte im Frühjahr Rudolfen bei den selben Herren. Die Frühjahr-Abende gestatteten unsere Gesellschaft nur selten die Zusammenkunft. Ein Tag verging nach den andern, bis ich auch weinend den Abschied nahm, mit mein Päckchen nach Wollmierstadt ging, um bei Meister Köppen die Handschumacher-Profession zu erlernen. So lange ich bei die Mutter war hatte ich Kurage. wie war ich aber unter fremde Leute und fern von die Mutter! jetzt fiel mier der Muth, ich ging den ersten Abend sehr bedenklich zu Bette, die folgende Abende aber stehts weinend, wobei mir ofte der Gedanke einfiel, könntest du doch, so wie unsere frühere Gesellschaft mich und meine Dohris das Uhrtheil zu Polnischbetteln[1] zu erkannte, mit Ihr! so durch das Leben

1 Auslösung bei Pfänderspielen, wobei der Herr, der das Pfand auslöst, eine mitspielende Dame küßt

wandeln. So verging fast jeder Abend bis das ich schluchsend einschlief.

Mein Lehrmeister merkte meinen Schwehrmuth, er kriegte aber von mir nichts heraus warum und wodurch ich es war, er frug meinen Vetter Gottfried, von dem er es aber so wenig zu wissen bekahm als von mir, selbiger der recht gut wußte was in mir vorging, zwang mir, in der Gesellschaft mit Rudolf und Christian Hausmann, auch aus Neuhaldensleben, vor das Thor spatzieren zu gehen, und um mir dort zu zerstreuen. Wir waren unserer viere beisammen, und da wier beisammen alle vier Stimmen ausführen konnten, so wählten wier uns einige Chor-Arien zu singen. Zu dieses kleine Lidscharrer[1] wie ein Singe-Chor, und da wier die besten Sänger im Chor gewesen waren, so war es den Leuten eine angeneme Überraschung, und in kurtzer zeit hatten wier mehrern zuhörer um uns; da es die Dunkelheit nicht erlaubte, uns gleich zu erkennen, und nun mehren noch ganz unbekant waren, weil wier noch nicht lange zeit da waren, so meinten sie wir wären Fremde, beim zu hauße gehen erkannten sie uns, und baten uns zugleich, beim größten Lobe unsers Gesanges, doch mehrere Abende vor das Thor zu erscheinen, welches auch mit zu unsern Vergnügen geschah.

Aber leider für mich, ich erinnerte mir hierbei an mein gehabtes Wohl was ich zu Hause und an der Seite meiner Doris genas, ging still zu Hauße, entkleidete mir unter einen strom Tränen, und schlummerte dann in Fantasie und Träumen ein. Durch mehrmaliges Anrathen meines Vetters nahm ich mir standhaft vohr, mich mehr mit das Gegen-

1 Tanzlied, Scharrer, Tanz nach Art des Walzers (DWB, Bd. 8, Sp. 2218)

wärtige als mit dem Vergangenen zu beschäftigen, so bemühete ich mich so viel als möglich mir letzteres aus dem Gedächtniß zu entfernen. Ich hatte bis dort hin wenige Fortschritte in der Profession gemacht, und da ich von der zeit an mit unermüdeten Fleiß darinn Arbeitete, so erwarb ich mir auch bald die zufriedenheit und das Lob meines Meisters.

Mein Meister hatte wenig Schulkentniß, krahmte dieserhalb Stundenlang unter den Maasen, worauf er seine eigen schreiberei öfters allein nicht lesen konnte, und hierbei, so dringende Arbeit sehr viele Zeit verschwendete. Ich machte den kommenden Sonntag ein Buch, trug sämtliche Maasen hier ein, legte es am Montag ihm vor, und sagte ihm, wie kurz er es hierin übersehen könne, welche Arbeit er am ersten machen wolle; der Meister war hirrüber sehr zufrieden und überließ mir fernerhin alles aufschreiben der Maasen und eintragen im Buche. Eines Sonntags reisten wier beide beisammen, er sagte mir, wie viel er für einen dieser Leder bezahle: wie viel er für ein paar Hosen bekomme, und ich mußte es ihm auf das genaueste berechnen wie viel er daran verdiene. Ich behandelte auch die Arbeit ohne sein beisein stehts nach seiner Zufriedenheit, und ich ward dieserhalb sein Wortmeister.

Die Bauern wovon wier die meiste Arbeit hatten waren damals so kommode, daß man ihr die Arbeit stehts im Hauße bringen mußte, wo auch zugleich zu einem neuen Bedarf die Maaße genommen wurde; ich tat dieses Geschäft gerne den mein Biergeld hierbei betrug sich immer so hoch als ein kleines Wochenlohn.

Meine Meistern ward viel beschäftigt mit Kochen Braten und Backen bei Herrschaften und auf Hochzeiten und Kindtaufen in und ausserhalb der Stadt. Sie hatte ein kleines Kind an der Brust, dieserhalb mußte ich ihr den Korb wenn sie Geschäfte auf den Lande hatte mit tragen. Einige Leute die uns auf einer solchen Reise begegneten, sahen uns immer so groß an und nach, ich frug meine Meistern, warum die Leute uns immer so ansähen! du dummer Junge, antwortete sie lächelnd, die Leute denken, du bist mein Mann und ich deine Frau! das Kind hast du im Korbe, und so ziehen wier auf der Wanderschaft in die Weld herum! darum betrachten uns die Leute so; ich schwieg und schähmte mier, sie fing hierüber aber immer wieder zu schertzen an, bis das ich ihr verlies und wieder zu rück kehrte. Bei ihrer zurückkunft erhielt ich mehrentheils einen Braten, Kuchen, Notabene! zum wenigsten ein halb Pfund Fleisch davon und ein stückchen Kuchen. Zu Hauße beim Braten oder Baumkuchen backen wuste ich schon den Spieß nach ihren geschmack zu drehen, wobei auch immer vor mir etwas abfiel.

War die Meistern nicht zu Hauße so war ich Koch und auf Antrieb der Gesellen verstand ich den Meister schon zu überreden, das er von seinen Schinken oder gutes durch gewachsenes Speck, uns beim Mittagsbrod mit auf den Tisch setzte, welches den nach unseren belieben beim Mittagessen oder des Nachmittags mit den größten Appetit verzehrt wurde.

Verreiste der Meister, so hatte er nur die grösten Theile zu einer Hose zu geschnitten und die übrigen Kleinigkeiten, so wie Bünde, Latz, Futter pp welches die Gesellen geordnet in die Hände gegeben werden mußte, besorgte ich alsdann, um solches zu ordnen und zu schneiden stellte ich mir vor den Tisch. Kamen Leute die Arbeit verlangten, so vertrat ich Meisters stelle. Leute die den Meister nicht kannten, hielten mir oft für den Meister, und nanten mier auch bei der Unterredung stehts Meister. Einer lobte mir sogar bei die Meistern, bei ihren herreintreten, einen solchen Jungen und guten Mann zu haben, worüber die Meistern und Gesellen nachher laut lachten. Hieraus läßt sich denken wie ich es in meinen Lehr=Jahren gehabt habe.

Die Gesellen auch lustige Leute, und man hatte sich for ihr in acht zu nehmen um nicht einen Beinamen zu erhalten; welche erhielten ihn woll mit recht, z. B. der Kuffvester. Ein Leineweber aus Amsleben[1] der alle Jahr eine Küf[2] verzehrte um das Brod zu erspahren. Der Herr Gevatter! Ein Bauer aus Germersleben, der beim Kinde des Meisters Gevatter gestanden hatte aber wegen seiner langen Brühe[3] bei seinem Gruß doch diesen Beinamen erhielt, sahen wir ihn kommen, so mußten wier uns schon zum ernsthaft sein vorbereiten und der Meister nahm sich geschwind noch eine Priese, nun klopfte er an,

Meister: Herrein!

Bauer: Guten Tag Herr Gevatter,

Meister: Schönen Dank Herr Gevatter, willkommen Herr Gevatter, (es wird geküst)
wie gehts Herr Gevatter!

Bauer: Ich danke für gute Nachfrage Herr Gevatter, recht gut Herr Gevatter. Wie gehts ihnen Herr Gevatter!

Meister: Ich danke für gute Nachfrage Herr Gevatter, noch so ziemlich Herr Gevatter was macht Ihre Frau Gevatterin, Herr Gevatter,

1 Ammensleben, ca. 20 km nördlich von Magdeburg und ca. 6 km südlich von Haldensleben

2 Kufe, Bierkufe, Trinkgefäß (DWB, Bd. 5, Sp. 2530, BBW, Bd. 2, Sp. 1234)

3 Geschwätz, Gerede (DWB, Bd. 2, Sp. 424)

Bauer: Ich danke für gute Nachfrage Herr Gevatter, sie ist noch gesund Herr Gevatter
Was macht den Ihre Frau! Herr Gevatter

Meister: Ich danke für gute Nachfrage Herr Gevatter, sie ist draußen
Herr Gevatter. Setzen Sie sich doch Herr Gevatter!

Bauer: Ich danke Herr Gevatter, muß machen das ich wieder nach Hauße komme Herr Gevatter,

Meister: Was machen den ihre lieben Kinderchens! Herr Gevatter,

Bauer: Ich danke für gute Nachfrage Herr Gevatter sie sind noch alle recht gesund Herr Gevatter; was machen den ihre lieben Kinderchens! Herr Gevatter!

Meister: Ich danke für gute Nachfrage Herr Gevatter. Willhelm ist Gott lob wieder gesund, Gottfried holt ein halb Pfund, und Fritz macht es der Mutter kund, das der Herr Gevatter da ist

Bauer: Nah! Da kommt ja die Frau Gevattern!

Frau Meister: Willkommen Herr Gevatter!

Bauer: Schön Dank Frau Gevatter! wie gehts Frau Gevattern

Frau Meister: Ich danke! so passabel! Herr Gevatter, wie geht's Ihnen nebst die Frau Gevatter und ihre lieben Kinder, Herr Gevatter!

Bauer: Ich danke für gute Nachfrage Frau Gevattern, es geht ja noch immer in seiner alten Gleise Frau Gevattern,

Bei diesem Eintritts Gruß kommt also die Gevatterschaft vier und dreisig mal vor, nun läst sich denken wie oft noch beim Essen, Trinken und zuletzt der Gevatter Gruß beim weggehen, über eine solche Sache mußten wir uns schon recht ordentlich bei der Werkstatt zu sammen nehmen, um nicht in ein lautes lachen aus zu brechen. Der Meister rieb sich nach dem lachend die Hände und nahm zwey bis drey Priesen hinter einander.

Eines Tages stepte ich an eine Kalblederne Hose, ein reisender Schneider Gesell der um eine Gabe bath ersuchte den Meister um mir beim Steppen (Laschen) zusehen zu dürfen, der Meister erlaubte es ihm, und der Schneider sahe mier über die Schulter zu, ich konnte es nie leiden, wenn mir einer auf die Finger sah, machte dieserhalb den Faden so lang, um den Schneider in die Nase zu stechen, er nahm sich aber sehr in acht, da dies nicht helfen wollte legte ich meine Hosen zusammen und ging herraus, der Schneider sagte zum Meister bei meiner Abwesenheit das ist ein rechter Kurrioser Geselle, er will es mir doch nicht mal zeigen! es ist doch auch woll bestimmt ein Lernender, worauf ihm der Meister antwortete, ich sei ein Schottländer! das kann ich denken! das er weit von hier hert! sagte der Schneider Gesell und ging seine Wege. Von dieser Zeit an, mußte ich ofte den Namen Schottländer hören.

Des Sonntags waren wir Haldensleber stehts beisammen, welche sich schon an der zahl sechs vermehrt hatte, und weil wir den Schein nach stolz und artig waren, so nahmen wier auch keine andern Jungens mit in unsere Gesellschaft auf, wenn sie sich auch zu uns drengten, den waren wir allein beisammen, so hatte keiner den andern zu fürchten, das durch ihm was verrathen wurde, wen wir des Abens jeden neckten, belauschten, erschreckten und tüchtig anführten. Den jeder Garten wurde von uns besucht, die Mädchens beim Anzutzen oder ausziehen belauscht.

Ein gewisser Schuhmacher wurde erschreckt welcher stets sein letztes Butterbrot mit zur Werke, nahm, hir biß er erst einen großen Happen ab, zog hernach den Drat recht tüchtig mit beiden Händen und lies dabei einen recht derben Vurz. Unser bestes Vergnügen war wenn wir die Mädchens beim Baden, um die achte Stunde des Abens belauschen konnten, wo wier uns im Gebüsch versteckt her vor schlichen, einer von uns ging nackend unter das Wasser bis zu ihr, grif sich mit ihr und machte den Scherz wie sie es machten mit, bis nach einer Weile, ein Mädchen laut aufschrie Herr Jemine ein Zopf, die andern fragten erschrocken, wo den! i! da! mit den Finger nach ihm zeigend, nun wurden sie es erst gewahr, daß sie eine Mansperson in ihrer Mitte hatten, sie sprangen schnell aus das Wasser, erschraken aber nicht wenig, weil wier in Ausbruch der Freuden vor ihr standen. Nun wollten sie sich anziehen, wier hatten aber ihre Kleider alle vorher durch ein ander gemengt, nun konnte keine in der Geschwindigkeit ihr eignes heraus finden, die eine riß es der andern immer wieder weg, mit den worten, es ist meins! die andere, nein – es ist meins! die dritte nein dies ist mein. Die eine waren die Schue zu groß die andere zu klein, die meisten mußten sie dieserhalb in die Hand mit nach Hauße tragen, und ich bin überzeugt das viele ihr eignes Zeug in acht Tage noch nicht wider erhalten haben.

Eine kleine Geschichte passierte mir hier. Ich bin des Abend in der Dämmerungs=Stunde im Garten, und trage das Wasser welches sich von Hofe in ein Loch gesammelt hatte, in einen Eimer fort, um den weiten Weg zu erspahren und nicht hinten im Graben tragen zu dürfen, suchte ich mir Maulwurfslöcher, goß das Wasser darin, worin es sich dan verzog. Ich bin gerade beschäftigt das Wasser in einen solchen Loche diesseit der Laube zu gießen; so höre ich in das Nachbars Garten links, ein fürtenliches Geräusch und Gewirdschafte zwischen den Bohnenstangen welche in die Ecke des Stalles auf unsere Seite gegen einen Apfelbaum lagen, ich stand stille und forschte nach dem Geräusch, es fing noch arger darzwischen zu schlagen an; ich ging um die Laube herum, um zu sehen was da war. Ich sah ein Mädchen mittler größe, ganz ordinär gekleidet und da ich doch sämtlich im Hauße kannte: war Sie mir aber ganz unbekant. Sie hatte eine Bohnen=Stange in beiden Händen und schlug mit derselben, gewaldsam auf die andern ein, nach dem schmiß Sie die Stange weg, war wie ein Kieselwind[1] bei einem jungen Apfelbaum, wobei eine starke Stütze stand, faßte an selbigen und langte sehr rasch und lebhaft um ihn herum, wobei sich ihr Rock aber nicht das mindeste bewegte, sie ließ den Baum mit einen staunenden Blick loß, hüpfte im Garten herum, machte kurz und quer Springe über die Beete, von einen Steig zum andern, sie war bald hier bald dord ohnedem das ich viele Bewegung an ihr bemerkte, den ihre ganze Bewegung war, wie ein Schein den man durch einen Spiegel gegen die Sonne hervor bringt, und solchen im Schatten tanzen läßt, mit einem male schoß sie auf mier zu faßte mit beiden Händen an die Stange, welche die Grenze bezeignete, schüttelte solche gewaldsam und machte nachdem miene, als wenn sie unter die Stange durchkriechen wollte. Jetz überfiel mir ein Schreck und Schaudern, die Haare hebten sich auf meinem Kopf, und so eilte ich aus den Garten. Der Meister frug mir ob ich das Wasser schon heraus getragen hätte, da ich ihm

1 Kieselwind: Kieselwetter, Hagelwetter (DWB, Bd. 5, Sp. 692)

nicht antwortete, so meinte er ich wäre heute woll faul, über diesen Beleidigung fing ich an zu weinen, er zwang mir zu sagen was ich vor hätte, er erfuhr aber den Abend nichts von mir, den andern Morgen erzählte ich, was im Garten vorgefallen sei, welches sie alle bedenklich mit anhörten, zuletzt sagte der Meister du dummer junge, das hättest du sollen gleich sagen dann hätte ich dier nicht gescholten. Dieses ganze Manöver habe ich bis zuletzt ganz ruhig und mit forschenden Augen zugesehen und ist mir noch bis auf den heutigen Tag ein Räthsel. So verstrichen vier Jahre das ich nicht wußte wo sie blieben.

Im Jahre ein Tausend acht hunder und drei herrschte die rothe Ruhr sehr stark in Wollmierstädt wo wenig über blieben die sie nicht erhielten und führte Täglich vier bis sechs Menschen aus diesen kleinen Städchen in dem Schoß der Erde.

Wier litten an dieser Krankheit im ganzen Hauße, aber keiner von uns fühlte es so hart wie der Meister, er lag nur ohngefehr acht Tage krank, er fühlte aber schon die ersten Tage, das er sterben mußte, und anordnete dieserhalb so viel er konnte, vermahnte seine Kinder zur Frömmigkeit und Tugend und warnete sie für das Laster, vermahnte seine Frau und uns die wier im Hauße waren, er forderte seine Freunde auf, seine Frau und Kinder nicht zu verlassen, befahl den letzten Tag wie man ihn beerdigen sollte, jedoch ohne zu große Kosten. Er fiel dann in einen röchelden Schlaf und wachte auch nie wieder auf. Das Hauß war voller Trauer, wier verlohren einen guthen Meister, die Frau ihren Mann und drey Söhne ihren Vater.

Ein Gesell Namens Roter ein Wittenberger aus Sachsen blieb bei ihr, Sie setzte mit ihm die Profession fort, er war noch sehr jung, aber seine Lust und bereit zur Arbeit welche er mit der grössten Geschicklichkeit vollführte, machte daß er sich bald die Zufriedenheit der Meistern und das Lob seiner Kundschaft erwarb. Er lebte mit ihr in vertraulichen Umgang, welches in der Folge eine schnelle Verbindung bewirkte.

Ich ward von der Meisterschaft in Magdeburg als Geselle anerkant, und ging in Arbeit bei Meister Heinemann in Neu-Haldensleben.

Die Gesellen welche mir nach Handwerksgewohnheit und Gebrauch als Jünger anerkanten, durfte ich nicht Dutzen (Du sagen) welches ich doch gerne wünschte, und auf antrieb der Gesellen erbath ich es bei meinen Eltern, weil mein Vermögen hierzu nicht hinreichend war, mir solches Gesellenmachen auszurichten, auch mein Großvater war bei guter Laune hierüber sehr zufrieden und vergnügt, beschenkte mir, und gab mir auch noch Kuchen, Kaffe und Brantewein: Dieses Fest wurde mit der größten Feierlichkeit, bei einer gut besetzten Tafel mit Wein und Braten, lustig und vergnügt beim Klange der Musik und Tanz gefeiert; ein jeder freuete sich an sich selbst, der eine immer über den andern, welches durch ein öfteres Vivat ho! bekräftigt wurde, bis wier zuletzt uns müde und zufrieden zur Ruhe legten. Nun war ich mit einem mal in den von den Jungen so sehr erwünschten, im Rock mit Stock und Tabacks-Pfeife zu gehen erlaubten Stand. – Geselle.

Ich arbeitete bei meinen Meister ohne Sorgen und war entschlossen das kommende Jahr in die weite Weld zu gehen; ich war zwahr groß und stark, glaubte dieserhalb aber doch noch nicht, daß man mir schon würde zum Soldaten nehmen, weil ich noch nicht siebenzehn volle Sommer erlebt hatte. Als ich eines Morgens früher als gewöhnlich gerufen wurde, stand ich auf, wärend den Ankleiden sahe ich

hinaus, und sah zwey Mann, bürgerliche Wache vor die Treppe stehen welche mir zu sputen befahlen. Nun kahm meine Mutter mit ein Klaggeschrei worin sie mir ankündigte ich müsse nun Soldat werden, mir überfiel bange und zittern am ganzen Leibe, ich hies meine Mutter von mir gehen, damit sie mir nicht noch furchtsamer mache dann ging ich in Begleitung der Bürgerwache nach der Hauptwacht wo ich schon mehr Gesellschaft fand, welche bei einen neuankommenen stehts jubelten, aber doch nur immer halb aus Angst. Nach drei Tage ging es im Transport nach Rathenow, mußten dort schwören und konnten nach er- 1803
haltenen Paß bis auf weiter order wieder nach Hauß gehen.

Ich arbeitete wieder bei meinen Meister bis zum Ersten Mertz, dan wurde ich eingezogen, bekahm Montierung und mußte mir nun die Pflichten eines Soldaten streng unterwerfen.

Bei dem Stellmachermeister Rabe, Handschuhmachermeister Heinemann, Willem Damersin und Dammaswebermeister Massias bekahm ich Quartier, die drey Ersteren einigten sich mit Meister Massias und ich blieb fortwerend bei ihm. Bei dem Schneidermeister Fraus hatte ich die Pferde zu stehn. Unteroffizier Krüger (seliger Heinrich) hatte mir im Beritt, er war der beste Bruder nicht, war Eigensinnig, trauete kaum sich selbst vielen weniger einen ander, und war stehts für sich, dieserhalb hatten seine Kammeraden auch nicht viel Freundschaft mit ihm, wahrscheinlicher weise war er auf sein groß Avanzement[1] stolz, weil er nur vom niedrigen Bauernstand her war; den ein Bauerjunge der die Schweine auf den Felde hütete antwortete einen Reisenden der ihm um feuer ersuchte und zu ihm sagte, du

1 frz.: avancement, Beförderung

bist noch so jung und rauchst schon Toback! Wat hitiges Tages wat is! dat rokt Toback! Da ich einmal unter des H. Krüger seinen Befehl stand, so that ich was ich konnte um ihm in allen guten zu erhalten, auch erwarb ich mir durch anstrengung und Fleiß bald die Liebe meiner Obern, dieserhalb konnte mir Krüger wenig thun, wenn ich auch ja mal fehlte oder einen jugendlichen Bocksprung machte.

Das Exerzieren zu fuß lernte ich bald, den mein Stiefvater unterstützte mir hierin sehr. Das Reiten hielt aber hart, es verging ein Jahr ehe ich es ordentlich konnte.

Dieser Zeit waren die Stock-Schläge noch sehr gangbar und wenige Soldaten können sich woll berümen, daß sie ohne dem weggekommen sind, wollte mir Krüger schlagen, so ging ich um, und unter die Pferde durch, und suchte ihn zu fliehen, das er mir niemals was anbrachte, verklagte er mir beim Wachtmeister, so putzte ich alles mit der großten Sorgfalt, zog mir gut an, so bekahm H. Krüger zur Saifaction,[1] ich weis nicht was Sie immer von ihn wollen, schläfer kann ich nicht leiden, das ist er nicht, und finde auch immer alles bei ihm propper; behandeln sie ihn nur behutsamer. Einst verklagte mir Krüger, versprach mir auch zugleich wenigstens zwanzig, und zu Fuße marschieren, (es war auf dem Marsch 1806) ich glaubte auch selbst das es mir nicht für voll hingehen würde, das ganze was ich danach hören mußte, war von den Wachtmeister; Du dummer Junge was hast du den all wieder gemacht! Hast du auch Nadel und Zwirn bei dier so gehe hin und flicke mir meine Hosen.

Ich hatte es zwar recht gut, aber mein Tractament reichte zur Sonntags-Ausgabe nicht zu, ich suchte aber immer

1 gemeint wohl Satisfaktion: Genugtuung

durch Hosen abändern und flicken mir was zu verdienen damit ich nie in meiner Gesellschaft zurückstehen brauchte.

In meinen Quartier bei Meister Massias erhielt ich, des Sonntags, Dinstags und Donnertags jedes mal wenn die Chorrendejungens[1] sangen Mittagsessen, die übrige Zeit speißte ich zu Hauße bei meine Mutter, jedoch erkundigte ich mir vorher wer das beste gekocht hatte, da blieb ich zum essen.

Juliane die älteste Tochter des H. Massias, ein kleines nicht sehr schön, aber auch nicht häßlich, artiges und stilles Mädchen; unter ihr langes schwartzglänzendes Haar funkelten ein paar schwartze Augen empor, die mir stehts bewachten, wenn ich des Abend lustwandelte, mit klopfenden Hertzen und gesicht, bat sie mir bei ihr zu bleiben, um beiderseits die Abendstunden gesellschaftlich zu genießen. So sehr ihr Hertz vor Liebe flamte, blieb ich doch immer kalt gegen sie, und selten unterlies ich einen Tag wo ich nicht des Abens, im aromavoller Harmonie der Nachtigall, im angenehmen Duft der Blumen, in traulichen Dunkel mit Amorflügel wie ein Schmetterling umher flatterte und aus dem Kelch der blühenden Blumen ihren Honig sog. Juliane unterdrückte ihre Flamme welche öfter lodernt in ihr empohrstieg, gekränkt unterlies sie ihre Vohrwürfe gegen mier, und suchte durch verstellung mit sanfte Gelaßenheit, Schmeicheleien und Geschenke mir an sich zu ziehen. Und wer wiedersteht die Probe wenn ein schönes Geschlecht ihre Schlinge auswirft, und man sich in solche gefangen sieht, und ich entging ihrer Schlinge nicht.

1 Kurrende: »Schar von Schülern, die vor den Häusern singt und dafür Gaben heischt« (Paul, S. 577)

Als ich eines Abens zu Bette gehen wollte er bath sie sich, weil ihre Eltern schon schliefen, mir wegen der Finsterniß mit das Licht begleiten zu dürfen, welches ich ihr nicht ab! auch nicht zu sagte. Sie leuchtete mir auf meine Kammer. Ich entkleidete mir im Schertz, wobei wier uns mehreremal die Hände reichten, und uns eine gute Nacht wünschten so oft wurde auch mit der Trennung gezögert. Der Schein der Lampe wurde dunkler und ihre Stralen verloschen auf dem Fußboden weil solche die Hand der Schönen entglitten war. Ich träumte von himmlisches Glück, umgeben von allen ihren Freuden, worin wier trunkend auf mein Bette hingestreckt wurden, ich fühlte was ich noch nie erfahren konnte, das Blut zirkulirte schneller den sonst; mein Hertz pochte! ich fühlte das ich Träume ohne zu schlafen, und wahr von Taumel im Schlaf, ohne das mir die Müdigkeit die schlafenden Augen zudrückte. Ich glaubte, so wie mir meine Mutter erzählte, mir drücke der Alp! Durch berührung der Lippen und durch ein leises Lebewohl ward ich wieder frey, und schlief die Nacht hindurch sehr ruhig. Des Morgens grüßte mir Jule weit freundlicher den sonst, legte den Finger auf den Mund (das Zeichen der Verschwiegenheit) und ging an ihre Arbeit, und ich auch an die meinige. Wier waren von jetzt an nicht mehr so scheu gegen einander, lebten von nun an mehr vertrauter, verschwiegen nichts gegen einander, wenn es auch würklich nicht ausgeführt werden konnte, unter hielten uns täglich im Garten, wo uns unbelauscht eine kühle Laube aufnahm, wenn uns die Sonnen hitze erdrückte. Waren wier des Abens allein, welches sehr oft der fall wahr, so brachten wier die meisten Stunden beide im großem Stuhl zu.

Juliane Nicolai, eine Freundin, ein drolliges und munteres Mädchen, sie war von mittler Größe, hatte zarte Knochen, war dabei aber sehr fleischig, und ich hatte dieserhalb ein auserordentliches Vergnügen an Ihr, sie hielt mir auch nie zurück, wenn ich ihren vollen Busen umfaßte und war auserst schertzhaft, wenn ich ihre dicken fleischigten Waden maaß und hierbei ein bißchen zu hoch kahm, so wischte sie sich ihre naß gelachten Augen, und faßte mir kopfnickend am Kinn, wenn ich ihr beim zuhaußgehen begleitete, sträubte sie sich mit Worten sank dabei aber immer tiefer in meine Arme.

Eines Abens kömmt ein junger Schuhmacher ein Vetter von meinem Wirth zu unß, da er nur ganz selten kahm wunderte es mir, was ihn heute her führe; als ich zum Abfüttern gehen will kömmt meine kleine Jule meine Wirtstochter hinter mir her gesprungen, fällt mir um den Hals und erstickt mir beinahe mit Küssen, bittet mir zugleich, daß ich ihr zu rathen was sie thun soll, um sich ihrem Herrn Vetter zu entledigen oder! – welcher ihr zu Heirathen in willens wäre, er wolte sich nun heute Abend die Gewißheit von Ihr und ihre Eltern holen.

Liebe Jule da ich mir noch nicht zum Heirathen entschliessen kann, und mein Vorsatz ist, nie als Soldat eine Ehe zu schließen, so bin ich der Meinung, gern zu rück zustehen, verschertzen sie sich nicht ihr Glück um mir, handlen sie so, wie es Sie am besten deucht, und wie sie vermeinen ihr stätes Wohl gründen zu können. Nach kurtzen bedenken, die Tränen aus den Gesicht wischend, fuhr Sie auf: Nein! Nein! es ist beschlossen (mir um den Hals fassend) Ihnen kann ich nur lieben, wenn ich meinen Vetter so gut wäre als Ihnen! dann könnte es heute noch geschehen, so sage ich aber zu meinen Herr Vetter Nein! Adie! Was sollte ich nun mit den leidenden Mädchen machen, als ihr trösten und ferner genießen.

Die Tage vergingen mir schnell, den gefiel es mir nicht bei der einen so ging ich zur anderen so unterhielt ich mir auch sehr viel mit den gewesenen Bierbrauer Troß, der bei unß oben im Hauße wohnte dessen Tochter Dorothea ein junges hübsches Mädchen. Da Jule des Sonntags nie ausging, so ging ich mit Dorothea Troß ofte des Sonntags zum Tanz, diese glaubte mir durch ihre Schmeicheleien zu fesseln, und noch mehr ihr Neid (welcher mehrentheils den Frauensleuten eigen ist) hörte sie das Juliane nach der damaligen gewöhnlichen Sprache He! statt Sie! zu mir sagte! Dorothea die einige Jahre in Magdeburg gedient hatte und dieserhalb sehr Hochtönend sprach, sagte: Hören Sie mal Mossöe Pickert! so was können sie von den Mädchen hören und annehmen! daß sie He! zu Ihnen sagen! das sagt man nicht mal zum Bauer! ich täte die Grobheit bestimmt nicht annehmen. Julianen und ihre Schwester Elisabeth fanden sich hierüber sehr beleidigt und stellten Dorothea hierüber zur Rede, welche ihr nochmals erklährte, es sei ein Bauern Ausdruck. Sie zankten sich alle daryn recht tüchtig herum, ich sprang lächelnd zur Thür hinaus, und lis sie sich eifern. Bei meinem zurück kehren klagte mir Jule über das benehmen der Doris, worüber ich ihr aber bald tröstete.

Bei die Frau Fraus, wo meine Pferde standen und mehreres zu thun hatte, war ich öfte. Eine junge, starke und feurige Frau. Wir waren woll vertraut mit einander, aber doch nicht so wie ofte der fall ist. Sie hatte einen Karabinier im Quartier namens Bläser, was der gemacht hat weis ich nicht, und habe mir auch nie so genau darnach erkundigt, so viel gesagt! daß er gut bei ihr an war, daß ist wahr. Ihr Mann war ein Schneider, hatte wenig Arbeit, auch nicht rechte lust zum sitzen, dieserhalb nahm er die Pachte an, die Wilden Schweine von den Äckern und aus den Getreide zu verscheuchen und war dies Geschäft wegen die Woche nur eine Nacht zu Hauße. Ich unter hielt mir mit ihr folgendes Gespräch, indem ihr Mann den Abend zu Hauß kahm. Frau Fraus heute abend kömmt ihr Mann und dann werden sie sich laben und genießen was sie acht Tage entbehrten und er wird Ihnen bestimmt genüge thun, denn seine Acht Tagige Ruhe hat ihn bestimmt gestärkt und begeistert: Ha ha! seine Rinke! (mir ihren kleinen Finger zeigend) Sein Gruß! Schnarkt schlafen, – von diesen allen bin Ich überzeugt den geht er des Abens zu bette so bin ich bestimmt kurz hinter ihm, im Augenblick und ehe ich es mir versehe ist er im Schlaaf, will ich mir mit ihm dann noch etwas erzählen, welches ich doch nicht unterlassen kann, so frage ich Männchen, schläfst du schon! so brumt er Ja! nach einer Pause Du! schläfst du schon! unwillig Ja! dann habe ich es schon satt, und unausstehend lästig ist es mir, dann einen kalten und gefühllosen Körper bei mir liegen zu haben, ich stoße ihm zum drittenmal, und frage, wie kanst du den aber schon so schlafen; hast mir noch nicht einmal eine gute Nacht gewünscht! Ich weis nicht was du willst, ich frage viel nach deine gute Nacht! laß mir doch nur schlafen! Vor Wuth glühend werf ich mich im Bette herum, wobei er manchen unsanften Rippenstoß erhällt, und es hülft alles nicht, er darf noch nicht schlafen.

Nach mehreren Wortwechsel kömmt es zu ein Scharmützel, nach den Scharmützen geht es hart zum Kampf, nach geendigten Kampf behauptet der Sieger woll den Kampfplatz im Bette, aber jedoch mit den Verlust der hälften Betten, worauf der Besiegte in die Stube auf den Fußboden schläft, nach der seperation fallen danach einige Kanonenschüsse, bis ganz gegen Morgen der Schlaf es endet. Den ander Tag ging er wieder auf seinen Posten im Walde.

Sie brachte die Betten wieder beisammen und in Ordnung, machte sich die Haar glatt und zankte sich seit seiner Abwesenheit nicht mit Ihm.

Das Regiment maschierte nach Potsdam zur Herbst-Manöver ich blieb zurück.

1805 Das Frühjahr marschierten wier zur Revühe und bezogen bey Pietzpohl[1] das große Lager. Bei der Special Revüe wurde ich den König als Rekrut vorgestellt. Meine Eltern besuchten mir dort im Lager, und speisten mir hier mit gebackenes Obst und Klöße, welches sie noch ganz warm von Neu-Haldensleben mit brachten, nach einer neun tägigen Revue rückten wier wieder in unsere Garnison.

Im Sommer 1805 bekahmen wier Order nach Sachsen zu marschieren, um unser Land zu decken. weil der Franzmann mit dem Russen Krieg führte (Schlacht bei Austerlitz). Julianen war sehr bekümmert um mich, weil ich Sie verlassen mußte, Sie brachte mir noch ein Hemde, dieses wollte ich von ihr nicht annehmen, aber mit den Gedanke das kanst Du noch gut brauchen. Ich nahm Abschied von allen, bei Julianen war er aber am schwärsten. Wier marschierten durch meheren kleine Länder, ohne viele Beschwärden, den dieser ganze Marsch war nur eine Belustigung für uns. Hierbei erinnere ich mich noch an die guten Quartiere auf diesen Marsch. Bei Christian Muhl welcher uns zum Anbiß Butterkuchen und guten Branntwein vorsetzte, zum Mittagessen sechsterlei der besten Speisen auftischte, und in allen uns sehr gut und freundschaftlich behandelte. Die Weinachtsfeiertage lagen wir bei einen Müller, dessen Frau mir für ihren Bruder hielt, weil ich nach ihrer Aussage viel Ähnlichkeit mit ihm hatte, sie that

1 Pietzpuhl, ca. 20 km nordöstlich von Magdeburg

mir vieles gutes; auch wurde das Fest hier sehr gut gefeiert, welches der Müller durch seine Freigäbigkeit in allen sehr erhöhte. Nach meheren Kreuz Marschen, wobei noch manches vorfiel, rückten wier nach ein halbes Jahr froh und unversehrt wieder in unsere Garnison ein.

Diese Freude dauerte aber nicht lange, wier bekahmen bald wieder Order zu einen neuen Feldzug. Bei diesen jetzt uns beforstehenden Feldzug waren wier nicht so gleichgültig und froher Laune; uns ahnnete nichts gutes und ein jeder betauerte, daß wier nicht würden so beisammen wieder einrücken, wie das vohrhergehende mal, oder wie wier ausrückten, dies lies sich auch leicht errathen, daß wier mit unsern Feind bestimmt stark zu kämpfen bekommen würden. Der Tag zum Abmarsch kahm. Die Soldaten-Weiber 1806
und Kinder schrien und heulten. Bruder und Schwester nahm weinend Abschied von einander, die Mädchens siegelten das Pfand der Treubleibende Liebe mit nassen Augen und klopfenden Hertzen auf ihres Geliebten Mund. Die Eltern bejammerten ihre Kinder, und ein jeder wünschte uns allen zu unseres bestes aushaltend Glück, und ein baldiges wiedersehen.

Nach meheren Marschen kahmen wir die Sachsische Gränze näher, marschierten in starken Kollonnen, erhielten gedrängt Quartiere, und das Rauschen der Kanonen welches wier von weiten hörten kündigte uns den Angrif bei Sahlfeld[1] an, wo Prinz Lui[2] blieb. Wier rückten aus unserer Kontanierung in Alärm aus. Die Infantrie Marschierte auf und neben den Chause in unabsehlicher Linie: Viele Truppen worunter viele Sachsen waren, kamen retur

1 Saalfeld, 8 km nördlich von Mühlhausen im heutigen Thüringen
2 Prinz Louis Ferdinand von Preußen (1772-1806)

mit blutige Köpfe. Die Nacht biwauquirten[1] wir auf ein grünes Saatfeld, wo unsere Vorposten von Regiment einen Französischen Gefangenen brachten. Des Morgens beim Abmarsch krauselte sich ein Diestel Busch, unsere Linie entlang, ohne das sich ein Lüftchen rührte, worüber viele muthmaassungen entstanden.

Es war den vierzehnten October des Morgens sehr Neblich. Das Brausen der Geschütz und Tumuld der Kämpfer
1806 erschütter die Luft und den Erdboden. So erreichten wier die Anhöhe von wo wier alles übersehen konnten, wier hielten nicht lange so waren schon viele von unser Regiment verwundet und getödtet, auch die Pferde meiner beiden Vorderleute wurden die Füße abgeschossen, wier attaquirten wobei unser Kommandeur Prinz Wilhelm[2] plesiert[3] wurde, und wir mußten uns mit verlust zurückziehen, es fing alles an zu weichen, wier versuchten es noch mal einzuhauhen, wurden aber in der grösten Unordnung zurückgetrieben, und nun war auch kein halten mehr, alles reterierte.[4] Wier gingen auf die Straße nach Weimar zurück, worauf wier Pagage[5] und Wagenkolonnen antrafen, weil die Leute mit den Pferden davon geritten waren; den eine feindliche Armee hatte solche zur schnellen Flucht getrieben. Diese Nacht trafen wir auf ein feindliches Lager, wo wier ganz still und behutsam mußten herrum marschieren, Sie beobachteten unß aber dennoch die ganze Nacht. Den

1 frz.: bivouac, Biwak, Feldnachtlager
2 Prinz Wilhelm von Preußen (»Prinz Wilhelm Bruder« genannt) (1783-1851)
3 frz.: blesser, verwunden
4 von frz.: retirade, Rückzug
5 frz.: bagage, Gepäck, bes. im milit. Sprachgebrauch

anderen Tag stellte sich der Hunger bei unß ein, den woll die Meisten, ich zum wenigsten hatte den Tag vorher und die Nacht nichts gegessen, wier trafen gerade, wo wier die Parade-Reterade machten, auf ein Stück lange große Wasser Rüben,[1] welche wier nebst einige Offiziere mit den größten Appetit verzehrten. Des Abens bekahmen wier Quartier, bekahmen hier zum Mittags-Essen Pellertoffeln,[2] welche in den Backtroge worin sie uns vorgetragen wurde, bald zu einen Brei gerührt waren, und nichts mehr davon zu genießen war, ohn wier gesättigt waren, wir baten den Leuten, uns doch Brüh-Ertoffeln zu kochen, weil wier seit langer Zeit nichts warmes genossen hätten, mehere halfen schälen und so kahm es dan auch bald instande. Da es uns zum essen aufgetragen war, nahm ich den ersten Löffel voll, hatte hierin aber mehr Wolle, als Ertoffeln, ich nahm den zweiten, der war eben so, ich fisitierte das ganze Essen und fand das ganze Essen mit Wolle untermischt, nach meinen erachten nach, konnte ich nicht anders denken, als daß sie ein ganzes Schaaf mit Haut und Haar unter die Ertoffeln gekocht hatten, mir verging hierbei aller Apetit, und bekahm diesmal wieder nichts. Die folgende Tage so wier, nach langen Märschen in Quartier rücken wollten, so hieß es, die Franzosen sind uns nahe! und so ging es wieder weiter mit unß! den es durften nur ein oder zwei Schüsse fallen, so sollte wier das Ausreissen von uns gewiesen haben, und so trieben wir uns dan die ganze Nach umher. So ging es über den Hartz, über die Elbe, durch Mekelnburg nach Pasewalk. Warend dieser Retirade litt ich sehr an der

1 wäßrige Rübensorte mit geringem Nährwert
2 »Pellertoffeln« / »Ertoffeln« / »Erdtoffeln« = Kartoffeln (BBW, Bd. 2, Sp. 886)

Diarö.[1] In Pasewalk war das Brod sehr karg und ich war zufrieden das ich einen Hering und ein Stück Käse auftrieb, wo mit ich meinen Hunger stillte; nachher bekahmen wier aus der Bäckerei Brod genung, wenn wir nur vieles haben wollten. Die Nacht biwauquierten wir vor das Thor. Der Obrist v. Reinig lies uns alle um sich herum treten und erklährte uns, wie wier von den Franzhosen eingeschlossen seien, und frug uns zugleich ob, wier uns wollten ergäben oder durchhauen! es auserten sich meherer Durchhauen zu wollen, worauf er uns erklährte, der Paaß wo wier durch müßten, sei so mit Kanonen und Feinden besetzt, daß es uns doch nichts nützte. Hier antworteten meherer, Herr Obrist! Wenn es uns doch nichts nützen sollte, so ist es auch nicht wehrt das wir es auch unter nehmen. Die Nacht verging es war beinahe Mittag und den Anschein nach konnte uns der Feind gar nicht mal finden, den erst nach meheres blasen von unseren Trompeten kahmen meherer Franzhösische Offiziere zu uns, wir mußten aufsitzen marschierten retur durch die Stadt, und durch aufgestellte Glieder von Feinde, als wenn wier Gasse laufen. Die Entpfindung stach uns durch Hertz und preßte Tränen aus, weil wir die Franzhosen und ihre Stärke sahen, und vor ein
d. 28ten Oct. 1806 schwächeres Borgs[2] den wier die Waffen strecken mußten. Wir waren fünf Regimenter Kavallerie und vier Regimenter Invanterie die ihren Bündel auf den Buckel nahmen und so eingeschlossen von Franzhosen unsern Weg als Presonnier[3] antraten. Um uns gut fort zubringen, versprachen sie

1 Diarrhö, Durchfall
2 Borg: kastriertes Schwein (BBW, Bd. 1, Sp. 682), auch für einen rohen Menschen (Wossidlo-Teuchert, Bd. 1, Sp. 1030)
3 frz.: prisonnier, Gefangener

uns, das wir in Berlin Päße erhielten, wo mit wir ganz ruhig nach unsere Heimath könnten frei kohmen. Wier hatten auch meheren alte Pferde die die Franzhosen noch nicht brauchen konnten, die uns unsern Marsch erleichterten, und so gingen wier meistentheils mit der Hoffnung in Berlin Päße zu erhalten mit, weil es aber mit einen mal rechts nach Spandau zu ging so verschwand Hoffnung und Ruhe. Bei Spandau mußten wier die Pferde abgeben. Eine Hessische Escorte übernahm uns, bewachte uns sehr scharf mit doppelt umzogenen Chaine.[1] Infanterie und Kavallerie nahe an einander stehend, damit keiner durch konnte. Ihr verfahren wahr auserßt strenge woll grausam mit uns. Gott mag ihr die Sünde dafür vergeben. Einige mal versuchte ich es zu entweichen es glückte mir aber nicht, den entkräftet vor der Diare, mangel an Lebensmittel und Geld, führten uns immer weiter unter die Frechen und Elenden so uns Transportierten, mit! den hätten sie ein gefühlvolles Hertz gehabt, wären tugsame und ehrgefühlvoller Männer gewesen Wahrhaftig sie hätten uns nicht so behandelt, wie sie uns behandelten durch Schälte, Schläge und Stöße hatte jedweder von Sie zu erwarten wer etwas seitwärts ging, um die Schmerzen seiner unbekleideten, blutende und zerissene Füße von den so scharfen Gänge zu entledigen suchte: wen einer entkräftet zurück blieb, so wurde er nicht eher auf den Wagen genommen, bis er unter Schimpfwörterung Rüschter Kerl! geh! oder ich stoß dier ins Kreuz Du solst die Kränk kriegen! Durch meheren Stöße mit der Kolbe gänzlich nieder gestoßen war, so gahr bedienten sie sich in ihrer Rede, Ich schieße dier Todt als eine alte Katze.

1 frz.: Kette

Diesen ganzen Marsch hindurch hatte ich schreckliches Zahnweh, und an schlimmsten des Nachts, wo sie mir wenig aus ließen. Des Nachts keine Ruhe vor schmertzen, den ganzen Tag über forß marschiert, mitunter braf hunger leiden; dies grif meinen Körper so an, daß ich vor mattigkeit öfters nicht aufstehen konnte, und alle meine Erinnerungen waren so Maschienenmäßig, daß ich zuerst nicht wußte, wie und wo! ich in die Weld war, mein innerlicher Schmerz und Grahm an meine Eltern und an die so traurige Lage worin ich mir befand, beraubte ofte mein Bewußtsein, und so war Kummer, Schwährmuth und Schmertzen meine begleiter. In Puttstädt[1] in Sachsen wurde mein Geld all. und hatte von hier aus, nur von die milden Gäber zu erwarten, was mir ihre Güthe darboth. In allen Deutschen Städten wo wir über nachteten, war jedes mal reichlich zu Essen für uns besorgt. An vielen Orthen kahmen die mittleidigen Bürger selbst zu uns, um zu sehen, wie wir uns, in daß von Sie gereichte Essen labten, und es schmeckte uns immer recht herzlich gut, wenn wir nur was hatten. In manchen Orten war dies aber nicht der Fall, die Eigenthümer überließen dieses Geschäft allein ihre Dienstboten: den! Sie glaubten unter den Franzhosen eine glückliche Freiheit zu genießen, wahren froh über die Eroberung der franzhosen und achteten unsern Klagen nicht: Die Hessen ein Unbarmherziges Volk ließen das Essen vor den Lokal worin wir waren absetzen, kahmen dan zu uns herrein, versprachen diejenigen Essen zu verschaffen, wer noch etwas daran wenden könne! um den Hunger zu stillen wurde Geld, Hemden, Hosen, Westen von Leibe gezogen, und es

1 Buttstädt, 12 km nordwestlich von Mühlhausen

den Hessen gereicht, welches die Pflichtvergessenen auch nahmen und dafür dann den Essen reichten, von den was unß von den Leuten geschickt war, welches sie uns unentgeltlich zu kommen lassen sollten: Und auf diese Art wer nichts mer zu geben hatte mußte ofte mit lehren Magen wieder aus marschieren wie er gekommen war. So war es auch der Fall in einer kleinen Stadt, dessen Namen ich verschweige. Beim Eintritt in dieser Stadt bat ich eine Frau um eine Gabe, sie gab mir rohe Ertoffeln welche ich mit allen Dank nahm; so wie wier in unser Nachtquartier eingetrieben waren, bat ich einen Hessen, diese Ertoffeln doch eine Frau geben zu dürfen, daß Sie, sie mir koche, ich bekahm von ihn zur Antwort, es wirde Essen genug gebracht werden, und ich hätte dies dieserhalb nicht nöthig, bei wiederholender Bitte schlug er es mir dennoch ab. Es dauerte auch nicht lange, so wurde Essen gebracht. Da sich hier die Gelegenheit dazu darbot, um ihren schäntlichen Wucher treiben zu können, so! schämten sie sich den hier auch nicht. Die Mädchens mußten das Essen vor der Thüre absetzen; sie fragten einen nach den andern von unß. Was giebst du! so kanst du Essen bekommen! sollte man hier nicht noch das letzte Hemde hingeben! um seinen Hunger zu stillen! wer allso geben konnte, der gab, und bekahm dafür zu Essen. Von uns meherer die wir in eine hinter Stube lagen, und nichts geben konnten, baten und riefen man möge uns Hungrigen doch auch zu Essen reichen. Wart nur! bis die Reihe an euch kommt! bekamen wir zur Antwort! Der Abend kahm näher wir bekahmen aber nichts, wir baten noch mals aber ohne gehör. Ich ging nach die Thüre wo die Wachte stand, und das Essen herein gebracht wurde; mit nassen Augen und glühenden Wuth muste ich sehen, daß die Hessen mit die Mädchens welche noch mehreres Essen bei sich hatten, spielten, sich mit ihr herum franzten und mehrer Wollüstige Renke mit ihr übten, wier riefen noch mal man solle uns doch Essen zu kommen lassen, sie gaben uns wieder zur Antwort: Nun ihr Pocht! beкömt ihr gahr nichts. Ohne Mitleid schickten sie die Mädchens mit den Essen wieder zu Hauß und kamen noch mehrere die uns was geben wollten! so wurden sie mit den Worten wieder zurück gewiesen; wier seien alle gesättigt, bedürfen und wollen auch nichts mehr. Ach! und noch so viel Hungrige, war das nicht schändlich! und doch wurden wier von diesen Unmenschen nicht eher entledigt als in Mainz.

Zwischen Saarbrick[1] und Zweibrick[2] hatte die Fluth den Steige weg gerissen und wir mußten den Strom vier hundert Schritt breit und bis über die Knie tief durchbaden, die Witterung war dabei sehr unfreundlich, Kälte, Regen und Schlossen befiel unsern Körper, und von der Wetterseite war ich von Schlossen und Eis mehrerer Finger hoch bepanztert und um mit den nassen Kleidern so lange in der Kälte zu gehen, bis sie wieder vom Körper getrocknet waren.

Im Kaiserslauter verkaufte ich meine lange lederne Beinkleider und ließ mir für das Geld die Schue besohlen. Vorne an der Kirche worin wier hier waren, war links eine kleine Kapelle, worin man mehere Kranken gebracht hatte, die guten Bürger brachten hier sehr gutes und reichliches Essen. Da man angfangs mit den Essen mir immer vorbey ging um die Hintern erst zu reichen, so bekahm ich rechten Apetit und noch mehr zu die Hünersuppen, Schwarzsauer und

1 Saarbrücken
2 Zweibrücken

meherer schöne Gerichten die man die Kranken in der kleinen Kapelle reichte, um solches zu bekommen nahm ich eine Verstellung an. Mit kurtzen Schritten und Knien, wobei ich mir sehr auf meinen Stock stützte, ging ich in die Kapelle und setzte mir dort unter die Kranken. Es dauerte auch nicht lange so kahm ein Mann mit einen Mädchen welche schönes Essen im Korbe trug, frug mir ob ich krank sei? Ja! was mir fehle? Ich weis es selber nicht! Ob ich was Essen wolle? O! Ja! Er hies das Mädchen, mir was zu reichen, ich vergaß meine Verstellung, wegen Eßlust, welches der Mann so gleich bemerkte, er nahm mir beim Arm und führte mir mit den Worten hinaus, gehen Sie nur, sie sind nicht krank!

Das Schwarzsauer welches ich gerne esse, hatte mir hier verleitet, und ich bekahm nun doch nichts. Wir wurden hier schön und gut gespeißt, blos das Nachtlager auff den so blanken Marmor war sehr hart. Im Metz hatten wir Ruhetag, bekahmen hier brod und Geld letzteres erhielten wir erst beim Abmarsch. Hier in Metz wurde ich krank das Essen wollte nicht schmecken, ich führte dieserhalb den Marsch von Metz aus meine zwei Brote die ich dort erhalten hatte ganz mit mir, gegen Abend bekahmen wir in einen Dorfe Quartier. Da ich in einige Tage nichts gegessen hatte, so sehnte ich mir jetzt nach ein bischen warme Suppe, ich schnitt mir etwas brod in meinen Topf, goß Wasser darauf, und bat eine Frau mir solches doch mit zu kochen, welches sie mir aber verachtend abschlug, ich warf mir matt und verdrößlich über soch eine Unbarmherzigkeit auf mein Lager, mein Kammerad Adam Börne brachte mir doch noch ein Töpfchen voll warmer Suppe, woran ich mir sehr erquikte. Des Morgens wekte uns der Tambour zum Abmarsch, ich hing mir meinen Bündel um, grif nach meine

Brodtasche, wo ich noch meine zwei Brode drin hatte, ich erstaunte aber nicht wenig, weil sie nicht da war, nach langen suchen fand ich sie mitten im Rull, worin wir gelegen hatten, aber lehr ohne Brod, war es mir von eine Kammeraden gestohlen, oder hat es ein Hund heraus gefressen, kann ich nicht sagen, diesen Morgen hatte ich Appetit zum Essen aber kein brod, ich bat eine Bauernfrau um ein Stückchen, erhielt aber nichts, ich gab ihr meine Brantwein Flasche, wofür sie mir ein stückchen brodt wie drei finger groß, gab. Das schlug auch noch nicht viel in einen so lehren Magen an, gegen Mittag stellte sich der Hunger starker ein, ich ersuchte meinen Kammerad Bindseil womit ich unter mein Eskadron gestanden hatte, um ein stückchen brod, oder er mögte mir etwas Geld vorschießen, da ich gewiß wuste das er noch Geld hatte, damit ich mir könne Brod kaufen, den so bald der Kronen Thaler wo ich mein Theil dran hatte, gewechselt sei, wolle ich es ihm wieder geben, er versagte mir aber beides. Gekränkt und klagend ging ich von ihm. Ein Pohle von unserer Kolonen frug mir was ich so klage, von schmertz gerührt konnte ich es ihm nicht sagen, doch drang er in mir und gab mir nachdem aus Bescheidenheit ein ziemlich stück Brod. Dieserhalb glaube man nicht das wier die besten Menschen sind! es gibt untern andern Nationen auch Menschen die Mitleid fühlen, und gerne helfen wen sie nur können. Gegen Abend kamen wir in unsern bestimmungs Ort, wo wir bleiben solten an. Marschall[1] eine kleine Festung acht stunden von Nanci.[2]

1 Marsal, im 17. Jahrhundert erbaute franz. Festung in Lothringen, die bis 1870 als Garnison diente
2 Stunde: knapp 5 km (Kahnt/Knorr, S. 350); Nancy liegt ca. 35 km südwestlich von Marsal.

Das erste war das der Thaler gewechselt wurde, dann Brod und Käse gekauft worin ich mir tüchtig satt aß. Den andern Tag suchten wir uns gleich so viel als möglich zu reinigen, von die! so lästigen die uns an unsern Leibe nagten, es ist uns aber nie gelungen uns von ihr ganz zu entledigen, weil wir stehts in großer Masse beisammen lagen, so wurden wir immer wieder von den andern besamt. Unser Tracktament war Täglich; auf den Marsch fünf Sous,[1] (ein Sous hat vier Pfennig) waren wir aber nicht auf den Marsch; so erhielten wir nur drei Sous oder einen Groschen, dan wurden zwei Sous für Holz und Kessel abgezogen. Hier in Marschall waren die Ertoffeln nicht theuer, wir gaben den Mann einen Sous zum Mittagessen und konten uns hier vor in Ertoffeln mit etwas Talg gefettet recht satt essen, an und von Gerichthen durften wir freilich nicht denken, dazu reichte unser Geld nicht zu, den es ward uns dennoch immer frühzeitig genug all, alle zwey Tage erhielten wir ein drey Pfündiges Brod, es war aber so leicht und schwammigt, das man sich enthalten mußte das es nicht in einen Tag auf gegessen ward. Wier waren von den Strabatien auf den Marsch sehr abgemattet und entkräftet, lagen dieserhalb die ersten Tage stehts auf unser Strohlager und schlummerten ohne weiteres nachdenken, und besorgten nur kaum das nöthige Mittag essen. Viele von unsern Transport bekahmen wegen der schlechten Lebensart und ungewohnten Klima, besonders von der so ungesunden Luft und Dünste welche aus den Morast und Sümpfen empohr stiegen womit Marschall umgeben war, sehr schwäre Krankheiten, am meisten Diaré und Ruhr, auch meherer hatten De la gale.[2]

1 frz.: sou, Kupfermünze
2 Krätze

Der Todt stand Täglich unter uns mit seiner Sense und forderte mehrere in den Schoß der Erde; wier hatten das Glück in unsere Stube das keiner von uns dies Schicksal teilte, wir sprangen des Mittags auf das Signal, alle zum Essen! alle gleich lebhaft von unserm Lager auf und nahmen als dan eine gute portion dick gekochte Ertoffeln mit den grösten appetit zu uns, und ich glaube daß es selten den Gästen an einer vornehme und gut besetzte Tafel es so gut geschmekt hat, als uns die mit wenig Talg gefettete Ertoffeln und dazu einen rechten kühlen drunk Wasser schmekte, nach den Essen machte einer den andern durch Scherz lebhaft und wahr ja einer in Gedanken vertieft, so wurde er jedesmal wieder von den andern beschäftigt, zerstreut und erheitert. Für einen halben Sous Ertoffeln war mehrentheils unser Abendbrod, welche wir gekocht oder in der Asche gebraten von den Einwohnern kauften, oder ein stück Brod und Wasser, nach dem Abendessen erzehlten wir uns was, nach den Erzählen sangen wir zur unsere Belustigung und Beruhigung das Lied: Guter Mond du gehst so stille! Den ersten Vers sang ich mit der Gesellschaft meistentheils wohlbehagend mit. Kahm aber der zweite Vers

Guter Mond dier will ichs klagen!
Was mein banges Herze kränkt,
Und an wem? bei meinen Leiden
die betrübte Sele denkt
Geh durch Wälder!
Busch und Wiesen!
Blicke sanft durch Fenster hin
Dort erblickest du mein Liebchen
Aller Menschen Königin!

Hierbei ward ich so gerührt! Mein Herz pochte laut! meine Gedanken waren in und mit den Schein des Mondes nach daß was ich so sehr liebte; und doch führte uns das Schicksal fern von einander, wo ich in der Gefangenschaft Hunger, Kummer und Ungemach ruhig dulden mußte, unmuthsvoll drehte ich mich dan um, und verbergte mein Gesicht in das Stroh, worauf ich lag, welches ich mit meinen Tränen durchnäßte, bis ich dan schluchsend in Fantasie einschlief und mir mit Träumen verschiedener Art quälte. Es vergingen mehere Tage einer gleich den andren. Gegen Weinachten gehe ich eines Tages zum Mittagessen, wie gewöhnlich. Die Ertoffeln wollten aber nicht recht schmecken, ich genoß weniger den sonst, trank des Nachmittags für zwey Sous Wein, um mir zu stärken, ich trank ihn aber mit wieder willen, den andern Mittag zwang ich mir ohne appetit etwas Ertoffeln zu geniesen, welche ich aber sogleich mit ein starkes Erbrechen wieder von mir gab. Einer von meinen Kammeraden namens Schulz aus bei Genthin zu Hauße, klagte auch sehr, und keiner von uns beiden wuste nicht was ihm fehlte und was uns wehe that. Ein alter Karabinier Wittstock sagte, Jungens! ihr habt auch bestimt zu schande auf das Stroh Lager gelegen, kommt her ich will euch streichen! und schwor ob das nicht helfen wird, er strich uns, aber leider keine Besserung, wir wurden immer kränker. Was es eigendlich vor ein Krankheit war! Kann ich heute noch nicht sagen, war es das Heimwe oder sonsten eine Krankheit, so viel weis ich, daß meine Gedanken in der Hitze stehts zu Hauße bei meine Mutter oder Freunde waren, und wünschte, wen ich nur von meiner Mutter gekochtes und zubereitetes Essen hätte, so würde ich es mit den größten Appetit essen und davon gestärkt aus meinen Krankenbette gehen, dieses war aber nicht möglich und so blieb ich dan schwähr krank. Um das Weinachtsfest kahm Order das alle Junge und starke Männer solten aus gezogen werden, und sogleich nach Spanien zu Marschieren, und ich wurde zu diesen Behuf durch zwei Mann nach das Bireau wo die Aufnahme geschah hinggeführt, und ward von denen die den Auszug machten befragt, was mir fehle? und ob ich nicht nach Spanien mit marschieren könnte, es sei dort besser als hier in Marschall, und wen ich nur einen Marsch könnte mit Marschieren so würde einer mir dan auf den Wagen schon weiterschaffen. Ich sagte sie aber da ich es nicht einmal vermögen sei, von der Kasserne bis zu Sie ohne gehülfe zu gehen, viel weniger einen ganzen Tag zu Marschieren, und einen solchen beschwährlichen Marsch zu unternehmen, dies sei unmöglich, sie sahen es auch selber ein. Meine Kammeraden machten sich marschfertig, mir und Schulzen führten sie in das dortige Lazareth und so mußte ich mir von vielen meiner guten Freunde trennen.

Unser Lazareth Gebäude war früher eine Kasserne gewesen, wir wurden von Schwestern (Mädchens) behandelt, aus dem dortigen Schwestern Kloster, wir hatten weiter keine Mansperson um uns, als ein alter Pfaffe aus den Kloster, der uns nur selten besuchte. Die Abtissin war das Oberhaupt der Schwestern und regierte auch uns im Hospital. Unser Doctor ein Mädchen ohngefehr drey und zwanzig Jahr alt, mittelmäßiger größe schön gewachsen, rundes Gesicht und blühte wie eine Rose, ein wunder schöner Doctor, ich kann sagen, nie habe ich einen Doctor so gerne gesehen, als diesen in einfacher Nonnen tracht. Ich und Schulze waren in dieses Lazareth (Hospital), lagen auch beide in ein Bette, unser Doctor (das kleine runde Nonnen Mädchen) kahm zu uns, untersuchte unsere Krankheit und gab mir und Schulzen, jeden ein Stückchen

Bisquit, um 10 Uhr vormittags bekahmen wir einen Tassenkopf voll Bouillon und des Nachmittags 7 Stück Pflaumen. Den anderen Tag bekahmen wir wieder des Morgens Boullon und des Nachmittags sieben Stück Pflaumen. Diesen Nachmittag als Schulz ein Näpfchen worin er noch ein paar Pflaumen gelassen hatte wegsetzte, sagte er mit beklommenen Herzen zu mir. Ach lieber Gott! hier lassen sie uns doch noch verhungern. Lieber Bruder! darum bin ich nicht bekümmert und du kanst dier dieserhalb ganz beruhigen, den du essest ja das noch nicht alle auf was dier gereicht wird, und ich leide ja auch noch nicht hunger. Das sagst du woll! erwiederte er und warf sich unmuthsvoll im Bette nieder. Des Abens kahm unser kleine Doctor, und brachte uns jeder ein achtel Quart Gläßchen voll Medizin, und bezeignete uns, daß wier des Abens, Mitternacht und den Morgen jedesmal ein drittel hiervon ein nehmen sollen. Gegen Abend kostete Schulze die Medizin und fand selbige sehr gutschmeckend, weil sie mit Honig versetzt war. Weist du was! Sagte er, wir trinken es mit einen male aus, was sollen wier dreymal davon lappern,[1] und wer weis ob wier die Nacht zum einnehmen aufwachen, wilst du das auch! es ist uns aber anbefohlen erwiederte ich ihm, solche in drey mal zu nehmen, und wen wier sie in einem male einnehmen, so könne sie uns vieleicht mehr schaden als helfen. Er blieb dennoch bei seinen Vorsatz, sie schmäcke doch gar zu schön und süße! und würde besser helfen, wenn wir sie mit einen mal austrinken; kurz er ließ nicht loß, so oft ich es ihm wiederlegte und es nicht thun wollte, so kriegte er mir doch entlich herum, daß ich in seinen

1 lecken, schlürfen (DWB, Bd. 6, Sp. 199)

Willen willigte, ein jeder nahm also sein Medizin Glaß vor den Kopf und trank so lange wie noch ein Tropfen drinen war. Nachdem dauerte es nicht lange, so kamen wir in einen festen Schlaf, um Mitternacht hörte ich (doch mehrentheils im Schlaf) das Schulze sehr schnargte und röchelte, ich wikkelte mir in die Decke und schlief wieder ein. Gegen morgen riefen mir meine Kammeraten ich solte auf stehn! ich frug, warum! sie antworteten mir hierauf aber nicht, ich hatte mir in meine Decke eingehüllt und doch war ich kalt und konnte nicht warm werden, ich deckte mir nochmal so gut zu als ich konnte, und legte mir wieder zurecht zum Schlafen, nach einer weile riefen Sie wieder, Pickert steh auf! Ich weis nicht was ihr wollt ihr läßt einen ja nicht schlafen, und mir ist noch so müde und wegen eure Stöhrung kann ich für Frost ja nicht wieder einschlafen. Das glauben wier Dier woll, daß du im Bette nicht warm werden kanst, siehe dier mal um nach Schulzen. Ich drehte mir um und sah ihn an, aber was bekahm ich für einen schreck! als ich einen erstareten, kalten und Todten Körper neben mir im Bette liegen sah, ich stieg zitternd vor Schreck aus meinen Bette und ging schwankend vor Mattigkeit nach einen andern Bette zu, wo nur einer drinen lag als, ich zu den hineinsteigen wolte versagten es mir meine Kräfte, und ohne mir helfen zu können fiel ich so stark auf den, das ich den auch bei nahe wider Todt gehalten hätte, er besann sich aber wider, und es war auch nicht so gefährlich als es angfangs schien. Mein guter Freund Schulz war Todt, er ward nach der Todtenkammer gebracht und ganz in alte graue Leinwand eingehüllt. Einige von uns welche aber nicht mehr sehr krank waren, machten ein Grab für ihn. Der Kirchhof war in einer etwas nidrigen Gegend, und da die Witterung selbiger Zeit sehr naß war, so konten sie das

Grab wegen den Wasser nicht gehörig tief graben, und es glich dennoch einen Brunnen. Als sie ihm des andern Tages auf einer Trage worauf ein Sarg befestigt ist, hintragen, um ihn zu beerdigen, sie ließen ihn bei das Grab nieder, holten ihm aus den Sarge heraus, einer fast ihn beim Kopf, der ander an die Füßen und so halten sie ihn schwebend über das Grab, bis auf einen Nu! beide loß ließen, und so wurde der Todte in das Grab geworfen. Auf dieses Signal hatte der zum Füßen eher loß gelassen als der am Kopfe, und auf diese Art, kahm mein guter Schulz in sein Grab zu sitzen. So sitzen zu lassen ging doch nicht, es stieg einer hinein und und zog ihm bei die Füße aus, so daß er doch in seinen Grabe gestreckt liegen in kann ich nicht sagen den er schwamm im Wasser, erst im Bette gestorben und dann im Grabe ersauft. Gott laß ihn selig ruhn. Das Grab wurde zu geworfen und ein stilles Vater unser gebetet.

Hier in Frankreich ward nicht so viel umstände mit einen Todten gemacht, als bei uns der Gebrauch ist. Ward hier einer von den Einwohnern krank, so kahm er in das Städtische Hospital, starb einer so ward er gänzlich in Leinwand genäht. Des Morgens früh in einen Sarge gelegt, welches auf einer Trage befestigt war, von zwei Männern nach den Kirchhof getragen, bei das gemachte Grab niedergesetzt, der Deckel vom Sarge abgenommen und so die Trage mit den Sarge umgekipt, das der Todte aus den Sarge in das Grab fiel, hatten sie mehrere Todte im Hospital, so kahmen auch mehrere in ein Grab. Den Vornehmen, so in ihrer Behaußung starben ward nur ein Sarg von vier Bretter vom Zimmerman ungehobelt zusammen genagelt, bei der Beerdigung zwei Bäume unten durch genommen an jedes Ende eines Baumes faßte ein Träger, einer ging neben ihm um ihn abzulösen, wen ersterer ermüdete, und so ward er unter der größten Feyerlichkeit der Geistlichen und in Begleitung der Freunde beigesetzt.

Unser kleine Doktor war sehr bemüht um mich, und ich freuete mir jedes mal zu der Stunde wen sie uns zu besuchen pflegte, ich war auch immer wen sie mir ein leises Bonjour zuflüsterte, aus meinen Traume wach, und lange nicht so krank als in ihrer Abwesenheit. Ich besserte mir von Tag zu Tag, und bekahm bald wieder Apetit und erhielt viertel Portion. Eines Tages schmeckte mir das Essen besser den sonst; als ich meine wenige Ertoffeln verzehrt hatte, gab mir Krüger noch ein ziemlich Theil von seine, ich aß auch selbige, hievon aber noch nicht genug! auch das stückchen brod was ich bekommen hatte, mußte noch herrein, sowie ich aber das Brod in Magen hatte, so fülte ich, daß ich zu viel gegessen hatte, ich bekahm drücken im Magen und frost, und ward wieder so krank als ich vorher nicht mal gewesen war, Des morgens kahm der kleine Doctor, Da ich gleich an die Thüre lag, so war ich immer der Erste den sie begrüßte, und wo sie ihre Runde anfing, sie kahm schnell auf mir zu und wunderte sich, das sie mir noch im Bette fand, da ich doch sonst schon gewöhnlich angekleidet am Bette stand wenn Sie kahm. Sie frug mir: warum daß? Ich schittelte mit den Kopf. Sie untersuchte den Pulß und die Zunge, drohete mir nachdem mit den Finger, machte ein finster Gesicht und sagte: Du! Du! und verlies mir unwillig. Von diese Zeit an, mußte ich beinahe vier Wochen aushalten, wo ich den Tag über weiter nichts bekahm, als Vormittags eine Tasse Bouillon und sieben Stück gekochte Pflaumen, mitunter ein ganz klein Stückchen Brod und des Nachmittags wieder sieben Stück Pflaumen. Nach diesen langen kranken Lager war ich so abgemattet, daß ich wie ein Kind an den Stühlen mußte gehen lernen, ich bekahm wieder appetit zum Essen, und als ich die Nonne beim Mittagsmahl um ein größeres stück Brod ersuchte, so hielt sie mir ein recht groß Stück hin mit den Worten, Wolt ihr daß! ich sagte Ja! und faßte zu, sie zog es aber schnell zurück; Ah! Rien! dieses ist gut für euch, worauf sie mir ein ganz kleines Stück Brod gab, und wobey Sie mir drohend noch erinnerte, daß ich einen noch so schwachen Maagen leicht wieder überladen könnte. So wie ich nach und nach Runder wurde so vermehrte sich auch meine Portion. Wier bekahmen auch Appetit zum Taback zu rauchen, wier hatten aber weder Taback noch Geld um uns welchen zu kaufen, und geliefert bekahmen wir keinen und Taback wollten wir doch gern rauchen, so mußte also die Borke von Eichenholz die Rolle des Tabacks vertreten, und wer uns dampfen sah, der mußte glauben wier rauchten den besten Knaster.[1] Das Eichen Holz wurde all und wurde statt dessen Weiden geliefert, nun war es schlimm die Weidenborke wolte so gut nich schmekken als die Eichen, und doch mußte geraucht werden, konnte einer Weinblätter, Kirchblätter mit Boltenschaale[2] vermischt! habhaft werden, so hielte er sich glücklich und rauchte solchen Taback sehr sorgfältig.

In diesen Lazareth lagen früher über hundert Mann, so wie aber welche gesund waren so wurden sie nach Nanci Transportiert und so ward die anzahl geringer bis auf unsere vierzehn Mann. Wier waren auch alle Gesund, und da wier den Schein nach sehr vertraute und artige Männer wahren, so behielt uns die Abtissin aus gefälligkeit und auf anrathen

1 »feiner tabak« (DWB, Bd. 5, Sp. 1357)

2 Kartoffel- oder Wurzelschale (Wossidlo-Teuchert, Bd. 2, Sp. 130 f.)

der Schwestern, besonders der kleine Doctor, der uns noch für Schwach erklährte noch bei sich, sie beobachtete uns sehr und dennoch mußte Sie nie sehen, was sie nicht sehen sollte, und wenn Sie sich auch ihre Brille aufsetzte oder durchs Vergrößerungs=Glaß sah. Einer von uns spielte die Geige und wier andern belustigten uns oft im Tanze, einige von den Schwestern sahen uns Anfangs durchs Fenster mit den größten Wohlgefallen zu, wir forderten ihr auf, um an unsere Lustbarkeit mit Theil zu nehmen, sie fürchteten sich aber für die Alte, bei guten Winde geschah es doch in bunter Reihe. Waren sie im Weinberg um dort zu arbeiten, so traf auch unser spaziergang dorthin und leisteten ihr gesellschaft. Lange konnten wir diesen vertraulichen Umgang nicht genießen, dieses last sich hier von auch woll denken, die Abttissin schöpfte verdacht. Zwei Mann von uns desertierten, die Gens de armen[1] setzten sie nach, kriegten sie aber nicht, da die Gens de armen wieder zurück kamen so sagte die Abtissin zu selbige: Wier seien allen Gesund, wären all zu vertraut mit ihre Untergebene, und fürchtete dann uns, und wen auch mehrer von uns desertierten, so entsage sie sich der Schuld, sie bitte deshalb uns alle mit zu nehmen und in Nanci abzuliefern; richtig es geschah, sie nahmen uns mit, sie beredeten uns und sagten, Marschall sei von Nanci zu weit, um es in einen Marsch mit uns zu machen, weil wier noch schwach von der Krankheit wären, und sollten dieserhalb in Tull[2] ein gutes Nachtquartir haben, um den kommenden Tag mit uns nach Nanci gut Marschieren zu können. Wier glaubten sie auch, hatten

1 Gendarmerie, ursprünglich frz.: Gardetruppe, hier: Truppenteile mit Polizeifunktionen
2 Toul, ca. 20 km westlich von Nancy

uns in ihr aber recht ordenlich geirrt, es waren Lügener. Sie lieferten uns in Tull an den Gefangnewärter ab, dieser führte uns durch mehrer Thüren in einen runden Thurm, auf eine steinern Windeltreppe in die Höhe, wies uns dort ein Gemach an, und so er uns alle hinein gelassen hatte, verschloß er es mit einer eisene und einer hölzene Thüre. Wier standen verwundert alle mitten im Loche, und wusten nicht was wir hier von denken solten; nun wir trösteten uns mit den Worten, es dauert ja nur eine Nacht! Wir untersuchten unser Gefängniß. Es war ein runder Thurm, hatte in einer entfernten Höhe eine Öffnung, ohngefahr wie ein Schornstein, ohn erachtet diese Offnung war es doch sehr dünstig und feucht, durch der dicken Thurmmauer war ein Loch, eines Mauersteinsdicke, breit und zwei Steinlängen hoch wegen dessen Krümme, erleuchtete es unser Lokal nur schwach und beim Eintritt konnten wir gar nicht drin sehen, unser Lager war zum füßen mit grosse feld-Steine markiert, das Stroh was drauf lag war kürtzer den Spreun und bedeckte kaum die Steine wo es drauf lag, auch fanden wir ein Nachtgeschirr drinne. Die auswertige hölzerne Thüre ward geöffnet, ein Schieber an der eisene Thüre aufgeschlossen, und man reichte uns durch ein Loch einen jeden von uns ein und ein halb Pfund Brod einen Kessel worin auf fünf Mann ein Pfund Speck gerechnet, getheilt, und die Brühe worin das Speck gekocht war; in die Brühe schnitt ein jeder von uns ein Stückchen Brodt und dann knieten wir uns unser zwölf Mann um den Kessel, mit begierde aß jeder so schnell wie er konnte um nicht zu kurz zu kommen, die Brühe war aber so heiß das wir uns schon den ersten Tag den Mund total verbrühten, und ist auch in den Loch nicht wieder ganz geworden. Den andern Morgen ward die Thür geöfnet, wir machten uns fertig

zum Abmarsch man hies uns aber ruhig zu bleiben, wir fragen ob wir nicht weiter marschirten? wir bekahmen zur Antwort, o, Ja! aber wan ehe das wüste er nicht! einer von uns mußte das Nachtgeschier hinunter tragen und als er solches wieder herauf gebracht hatte, wurden die Thüren wieder verschlossen und wir mußten noch in unsern Loch verbleiben. Die folgende Tage bekahmen wir des Mittags unser Brod, Speck und Brühe wie den ersten Tag und so mußten wir sechs Nächte hier im Gefängniß aushalten, wo uns weder Sonne noch Mond beschien, und hatten auch
1807 nur mittelmäßig Tages Licht. Den ersten May wurde die Thüre geöffnet und man hies uns herraus gehen. Noch nie fühlte ich einen Frühlingsmorgen so schön und so heiter als diesen, den weil wir hinein kamen in Gefängniß, blühte kein Baum, und da wir aus dem entlassen, standen alle Kirchbäume weis in Blüthe, die frische Luft saugte uns mit ihrem angenehmen Blumenduft entgegen, entzückt und voller Freuden dachte ich mir: Wohl den! der die Edle Freiheit genießt und sich labt an die schöne Natur und ihr Himmlisches Kosen. Die Gens de armen übernahmen uns (es waren aber andere als die uns nach Tull gebracht hatten) und Transportierten uns auf die Straße nach Nanci. Meine Schue hatte ich im Lazareth eingetreten, dieserhalb rieben sie beim Marschieren blasen am Hacken, vor Schmertzen ging ich auf die Zehen, auch die blieben nicht frei von Blasen, besonders am rechten Fuß, ich zog die Schue aus und ging barfuß, nun hatte ich blasen am Hacken und Zehen und konnte keines von beiden schonen, ich setzte den Fuß wieder grade auf; die blasen platzten daß mir das Wasser im Gesicht spritzte. Am rechten Fuß hatten sich die blasen vom Hacken mit die vom Zehen vereinigt, so, daß die ganze Haut unter den Fuß loß war, dieserhalb ging das Marschie-

ren zuletzt sehr schlecht. In Nanci kömmt ein Hund hinter mir her gelaufen, bällt so nahe an meinem Fuß, aus Angst, von ihm gebissen zu werden erschröcke ich vor ihm und stosse mit den rechten Fuß an einen Stein, so! Daß die ganze Sohle vom Fuße am Steine sitzen bleibt, ich schrie auf, die Leute glaubten der Hund habe mir gebissen, da sie aber erfuren, daß der Hund nur bloß daran schuld sei das ich mir die ganze fuße Sohle abgestoßen hatte, welche sich bei den Marschieren vermittels der blasen gelößt habe, so bedauerten sie mir sehr. Ein Mädchen die mir so traurig gehen sah, brachte mir ein dichtig stück brod, welches ich auch sehr bedurfte, und so hinkte ich nach der Kaserne zu. Die Schmertzen die ich hierbei fühlte waren die größten die ich je gefühlt habe, bei jeden Tritt konnte man die größe des Fußes sehen, welche von bludt bezeignet ward; hatte ich den Fuß auf die Erde stehen, so waren die Schmertzen nicht so groß, wolte ich ihn aber aufheben, so war es als hätte ich einen centner dran hängen, und ward die Wunde durch die Luft berührt, so war es als hätte ich lauter Nadeln im Fuße oder stände auf feuer. Von den Stock den ich in die Hand führte um mir zu stützten, hatte ich mir die Hand so verbolt, welches ich aber wegen den schmertz des Fußes nicht bemerkte. Ich langte endlich bei der Kasernen an, wurde auf den boden im zweiten Stock des Magazins der Kasernen angewiesen wo ich dan meine Lagerstelle hatte. Dieser Boden war stark belegt: Das Lagerstroh war gänzlich voll Ungeziefer; im Lazareth wo wir genasen, fand man nur selten welche, und mir war der zeit deswegen der Ungeziefer etwas ungewohnt worden, desto schrecklicher fühlte ich aber hier in Nanci ihre Wirkung. Wollte ich vom Boden so mußte ich auf den Hinter hinunter rutschen, den die Wunden meiner Füße erlaubten das gehen nicht, wolte ich meine

Nothdurft verrichten, so mußte ich eine besondere Anstalt hierzu treffen. Die Kost war hier nicht theuer, für einen Sous konnte man sich satt essen, und in den Buden die fortwerend auf den Kasernenhof standen, konnte man zu jeder zeit was erhalten, so wie auch meheres für billigen Preiß. Vierzehn Tage war ich nur in Nanci dann Marschierte ich in eine starken Kolonne nach Troa[1] in Schanzungen, meine Füße waren noch wund, und mußte auf einen Wagen, mit unter ging ich auf die Strümpfe; auf dem Marsch band ich meine Schue mit den Hosenträger zusammen und hing sie an Leiterbaum des Wagens. Der Knoten von Hosenträger hatte sich den einen Tag gelößt, und meine Schue waren mit samt den Hosenträger fort, ich klagte mein Unglück und wollte retur gehen um sie wieder zu suchen, einer von meinen Kammeraten mit den ich in Marschall in einen Bette beisammen gelegen hatte, und jetzt kurz hinter den Wagen woran meine Schuhe hingen fuhr, sagte mir: Bruder gehe nicht zurück! du findest deine Schue nicht wieder! den, es ist schon mehere Stunden weit, wo ich deine Schue von Wagen fallen sah. Verdrüßlich sagte ich ihm; Und dieses muß gerade ein Schafskopf sehen, der es mir nicht gleich sag, damit ich sie wieder aufnehmen konnte! Ja! Daran hab ich nicht gedacht! – Ich ergerte mir über die Einfalt des Menschen und meine Schue blieben fort.

Wir rückten in Troa ein, die Pferde-Ställe bei den Kassernen wurden unser Quartir und lagen funfzig bis hundert Mann in einem Stall beisammen. Den andern Tag gingen wier gleich aus, um uns Lebensmitteln einzukaufen, wir fanden es hier aber nicht so wolfeil als wo wir bisher gewe-

1 Troyes, ca. 150 km südwestlich von Nancy

sen waren, anstatt wir früher für 1 Sous eine Metze[1] Ertoffeln kauften, welches unsere Hauptnahrung war, so zeigten sie uns hier drey höchstens vier Stück für einen Sous, dies stimmte nicht, wir mußten uns also zu einer andern Sache wenden. Wir kauften Bohnen, welche dennoch so theuer waren, daß wir uns für das Geld was wir zum Mittagbrod gaben, konnten nicht satt essen, wir versuchten es und kauften Herzen von Rindfieh, kochten solche und schnitten Brod in die Brühe, hierbei langte mein Brod nur einen Tag und den andern Tag hatte ich dan gar nichts. Wie oft durfte ich nicht Frühstücken! Um mein bischen Brod noch zur Suppe aufzubewahren. Des Mittag wurde ich lange nicht satt. Des Abends wurde statt des Abend essen barfuß getanzt, wozu auch ein Schneider (von uns) dazu was geigte, oder es ward Karten (Schafskopf) gespielt und sonstigen zeitvertreib gemacht, bis das ich mir in meinen Mantel einhüllte, und schlafen ging. Des Morgens weckte mir der Hunger frühzeitig, was half mir aber das Aufstehen, es reitzte nur umso mehr den Hunger, und zum Essen war ja oft nicht das geringste da! ich lag allso krumm; kukte ofte durch die Rückschlitze und frug auch woll ob es nicht bald Brod gäbe. Schlug die Glocke zehn und der Tambur wirbelte das Signal zum Brodholen, so war ich (so wie auch meherer) mit einen Sprung vom Lager auf und war zum Abmarsch bereit. Hatte ich das Brod empfangen so ging es auch sogleich frisch drauf loß, und ich mußte öfters mit der Gewald inhald thun, damit ich nicht über die Hälfte das Brodt sogleich verzehrte, welches doch

1 alte dt. Volumeneinheit, Trockenmaß, entspricht je nach Region ca. 2-20 l (Kahnt/Knorr, S. 185)

zwei Tage reichen mußte. So zwang mir öfters die Noth das ich barfuß in die Stadt ging (den die Schue waren verlohren die Strümpfe entzwei) den kalten Dreck durch kurfte. Gern nahm ich dann eine Gabe die mir durch eine milde Hand gereicht wurde, und kaufte mir dafür Brodt. Viele Stadt und Landleute holten sich welche von uns zur Arbeit, ich blieb aber immer übrig; den keinen Handschumacher, so wie ich! konnten sie in keinen Garten auf den Weinberg und in den Felde gebrauchen, und ich hatte auch nie solche Arbeit gelernt und gemacht, und stellte es mir sehr schwähr vor. Doch dachte ich zuletzt (von Hunger angetrieben) bist du nicht eben so ein Mensch wie die andern! und solltest nicht eben so arbeiten können wie die! wenn du nur ordentliche Anweisung bekömmst. Ich ging sogleich zu den Dolmetscher Braune und bat ihn, wenn einer kähme und Arbeiter verlange, so mögte er mir doch dazu behülflich sein, damit ich auch etwas verdiene. Es dauerte nicht lange, so verlangte ein Mann aus der Stadt einen Arbeiter, ich ging sogleich willig mit ihm, er stellte mir draußen im felde in seiner Lehm grube an, nahm eine schwäre Hacke und machte es mir vor! Wie ich den Lehm loß hauen und auf einen Haufen zu sammen werfen sollte, ich nahm die Hacke hieb derp drauf loß, er sah mir zu und weil ich mir etwas ungeschickt dabei anstelte, so zeigte er es mir noch mal, und verlies mir zuletzt Kopfschüttelnt; des Mittags waren meine Hände schon ziemlich voller Blasen und die Nacht konnte ich vor schmertzen davon nicht schlafen, den andern morgen hielt es schwähr ehe ich konnte in Gange kommen. Des Mittags beim Mittagessen konte ich die Finger nicht biegen, und den Löffel beim Essen nicht fest halten. Der Mann bedauerte mich, worauf ich ihm zu verstehen gab; Die Hände würden woll wieder gut werden, wenn ich nur erst einige Tage gearbeitet hätte und daran gewöhnt sei; er freuete sich über meinen Muth und wünschte mir Glück. Meine Hände wurden auch bald wieder gut, und der Arbeit gewohnt, so daß es mir nachher gar nicht mer schwähr ward. Ich war sehr fleißig und hatte schon so viel Lehm loß gehauen und zusammen geworfen, woran er mit seine zwei Karren über acht Tage zu fahren hatte, er bestimmte seinen Knecht Battist zu einer andern arbeit, und ich mußte mit dessen Wagen u. Pferde fahren, er lernte mir das Kommando die Pferde zu führen, solte es rechts gehn so hies es Huk! – Oh – links Ah – Hi!, Halten Oh! – wolte ich nun rechts fahren, so verwechselte ich es oft und sagte Oh – Huk! – so standen die Pferde hierauf jedesmal still und ich konnte nicht hin kommen wo ich hin wolte, ich schimpfte aus Verdruß, mein Herr sahe mir an und lachte, das ihm der Bauch schutterte. So hieß er mir auch eines Abens Heu aus die Scheune zu holen und es den Pferden aufstecken, ich hatte ihm nicht verstanden und da ich draußen den Thorweg offen fand, so glaubte ich daß er selbiges gemeint habe, ich machte ihn zu und ging herrein, hier ward ich wieder recht ausgelacht was solte ich dabei thun, den ich verstand nicht Französisch und mein Her nicht Deutsch! er nahm mir also beim Arm und zeigte es mir mit dem finger la Comsa. Anfangs Herbst entlies er mir und ich war wieder ohne Arbeit.

Diesen Herbste wurden auch Manschaften ausgezogen um am Cannal bei Planci[1] zu arbeiten. Hier mußten wir das Wasser, wo eine Schleuse gebaut werden sollte durch Schnecken herausziehen, die Schnecke zu drehen war saure

1 Plancy-l'Abbaye, ca. 35 km nördlich von Troyes

Arbeit, und wenn die Stunden kamen, so mußten wir Arbeiter es nur Tag oder Nacht, vier Stunden hatten wir Ruhe und zwei stunden mußten wir Arbeiten. Hier vor erhielten wir den Tag zwanzig Sous und drey Pfund Brod. Hier sahe ich zum ersten mal das eine Frau den Kopf ihres Mannes zwischen den Beinen hatte und ihm tüchtig mit den Händen vor den Hintern hieb, und der Mann schien mir ein Kind, ich rief meine Kammeraten von mir herbei, um eine solche Excution mit anzusehen. Eine solche Behandlung nimt doch kein Preuße von seiner Frau an, den es wäre ja auch eine große Schande für ihn. In Frankreich ist es meistentheils der Fall das die Frau die Oberhand hat. Der Winter kahm näher, die Grundquellen trieben stärker den sonst, wir konnten nicht so viel Wasser heraus schicken als zu lief, und mußten dieserhalb Halt machen, wir blieben noch einige Tage in Planci ohne zu arbeiten bis der Bericht wieder retur und wir wieder nach Troa zurück kehren könnten. Werend dieser Zeit trieben wir unsere Belustigung. Wir hatten einige mit Geigen bei uns, die uns des Abens in einer Tabagie[1] was spielten, dafür erhielten sie freie Zehr und wir andern Tanzten, bei dieser Belustigung kamen viele von den dortigen Einwohnern, worunter viele Vornehme und von hohen Standes waren und sahen uns zu, wie wir uns herum Tummelten; wir nahmen uns die Dreistigkeit und forderten sie zum Tanz auf, sie tanzten auch mit uns ohne unnigerung, ich selbst forderte eines Abens eine Dame auf, welche von einen Offizir geführt wurde, sie tanzte mit mir und dankte bei der Beendigung und bei meiner Verbeugung. So Stolz auch ein Franzhösi-

1 frz.: tabagie, Tabakstube, Schenke (Fremdwörterbuch, Bd. 5, S. 1)

sches Frauenzimmer ist, so glaubten sie sich doch nicht dadurch zu entehren, wen sie mit einen Preusischen Gefangenen Tanzten. Wäre ich hier in Preusischen als Gefangener! Wahrhaftig ich wagte es hier nicht! den in einen großen Auflauf von Menschen (besonders in den Ort wo ich jetzt meine Feder in die Hand habe, bein Schützenplatz wo sie ihren größten Muth zeigen) hat man sich für die scheue Keuschen und stolzen Dahmen (besonders mittleren Standes) in Acht zu nehmen, daß man ihr wegen Mangel an Raum ja nicht ankömmt, man sieht nicht nur von ihr das verzerrte Maul und die Entstellung! sondern hinter den Rücken heißt es dennoch, das ist ja unausstehlich, der Kerl ist woll besoffen! Und so wird einer, von manchen Damen für besoffen gehalten, der wegen Schnöpfen in acht Tage keinen Taback geraucht, wegen Zahnschmerzen in zwei Tage nichts gegessen und getrunken hat; und sich den Mund mit den Schnupftuch zuhält. Um nun wider auf meinen frühere Inhalt zukommen. Die Arbeit ward bis zum frühjahr eingestellt und wir marschierten retur in unser alte Quartir nach Troa. Meine erste Arbeit war; ich zerschnitt meinen alten zerrissenen Mantel, schnitt ein Theil von seiner Länge ab, besserte ihn damit aus und wante ihn um, von Köppen bekahm ich ein paar alte Schue, da sie mir zu klein waren schnitt ich sie ab und machte Pantoffeln daraus, den überrest von meine langen Strümpfe nämstelte[1] ich auf und strickte kurtze draus, von Berkholz bekahm ich einen Huth, diesen birschte ich mit Wasser aus, gab ihm die gehörige Nutzung in seiner dreyeckigten form wieder, und so ward ich meinen Anzuge einer der besten

1 nesteln, (auf)binden (DWB, Bd. 7, Sp. 628 f.)

und Propperst mit, und ich fühlte mir ganz Glücklich das ich nicht barfuß im kalten Dreck gehen brauchte.

Zum Winter brachten die Bauer viel Holz in die Stadt. Zwey Mann von uns gingen einen solchen Wagen entgegen und folgten ihm bis vor der Thür wo er das Holz verkauft und ab warf. Die Leute ließen uns dan aus Mittleid das Holz an Ort und Stelle tragen, wo sie es hin haben wolten und bezahlten uns vier bis sechs Sous dafür und gaben uns ein Stück Brod und Wein. Es traf sich auch oft das wir mehrer Wagen folgten, wo kein Verdienst bei war. Wier gingen auch die Stadt herum. Patroilieren und wenn jemand Arbeiter brauchte so rief er uns. Die Einwohner nahmen uns gern zur Arbeit, den wir waren tätiger und zufrieden mit etwas geringeres Lohn als ein franzhose; wier verdienten jetzt immer so viel das wir nicht sehr hungern brauchten.

Die Weinachtsfeier kahm näher und um dann eine gute Mahlzeit zu genießen, so nahmen wir uns vor, eine spahr Kasse dazu anzulegen, Köppen über nahm die Kasse, weil er beim Schumacher arbeitete und mehr Geld verdiente als wir, so konnten wir es ihm schon anvertrauen, hatte wier aus unsere Menage einen guten Verdienst so wurden so gleich einige Sous in die Kasse gegeben, so daß ein jeder sechs Sous darin dar tath. Die Feiertage wurde gutes Rindfleisch gekauft und Köppen ein guter Koch besorgte das übrige und richtete uns ein gutes Essen an. Eine kräftige Rindfleisch Suppe, Reis, Gemüße und Rosinen-Klösse machten uns das Fest feierlich.

Das Frühjahr verdienten wir manchen Sous mit Wasser ziehen und giesen in die Gärten. Um dieser Zeit kahm das Order das alle Westpfälinger ausgeliefert werden sollen, es wurde uns bekant gemacht daß ein jeder Westphale sich beim feldwebel melden sollte, damit er ausgezeignet und in die Liste eingegeben würde, ich als ein Westphälinger[1] meldete mir auch, so wie ich aber hiervon wieder zurück kahm, so fragten mir meine Kammaraten, wirst du auch den franzosen noch dienen wollen? Du weist doch! die schon längst bekante Sache, daß man den Westphälingern damit schmeiglet, und verspricht, daß sie nach ihre Heimath zurück kehren, und frey thun können was sie wollen, das Ding ist aber nicht so! Der Franzose fühlt sich jetzt nicht stark genug gegen die Spanier und sind die Westphälinger am Rhein, so werden die noch zum Dienst fähige Leute eingetheilet (Paccabel[2] gemacht) und die französische Armee wird damit verstärkt. Ich überlegte mir daß, und da ich noch sehr jung und mein Sinn nie Westphälisch oder französisch wahr auch nie ward, so faßte ich mir kurtz, ich sprang schnell wieder zum Feldwebel hinaus und sagte ihm er möge mir doch als Westphälinger streichen, indem, da ich früher ein Preuß gewesen, so wollte ich es auch ferner hin bleiben. Ich dachte mir hierbei noch, sind die Westphälinger erst ausgelößt, so kann es auch mit uns Preußen nicht lange dauern, dies schlug mir aber fehl, ich mußte nachher noch ein ganzes Jahr aushalten. Da die Westphälinger weg waren so glaubten wir auch bestimmt ihr bald zu folgen, wir versuchten ofte wie uns der Bündel auf den Rücken paßte und übten uns in starker Kolonne auf den Kassernen Hof das Marschieren; auch kriegten wir sogar den Wirbel öfters bei der Nacht, es wurde umgehangen angeträten, Marschiert, wozu unser Tambur den Marsch

1 Staatsangehöriger des von 1807 bis 1813 bestehenden Königreichs Westphalen, zu dem auch große Teile Preußens mit Haldensleben gehörten

2 wohl von lat. pacare: friedfertig machen, unterwerfen

schlagen mußte, sogar wurde Sturm auf die Mauern gelaufen die uns umgaben; es sah uns mancher der unsere Lage und Schicksal besser kannte den wir! mit Vergnügen zu, und wunderte sich über unsern Frohsinn. Wier bekahmen hierauf bald Order zum Marsch, und keiner machte es unserer festen Meinung streitig, daß wir nun grades Wegs nach unserer Heymath zu Marschierten. Angfangs auf den Marsch glaubten wir es auch immer noch, da uns Preußen aber immer mehr im Rücken kahm, so verlohren wir den Muth und gaben unsere Hofnung auf. Wier Marschierten durch Moo,[1] machten in Ville Paris halt, und schlugen ohnweit den Dorfe nahe am Canal neben ein Gehölz unser Lager auf, und wurden in den Zelten zu zehn und zwölf Mann vertheilt. Dieses Dorf liegt auf der Straße von Moo nach Paris und ist der halbe Weg von ein zur andern Stadt. Hier wurden wir in den dort wohlbekanten Kanal zur Arbeit angestellt. Wier arbeiteten Schacht weiß, wer viel Arbeit verfertigte bekahm viel Geld. Der erste Schacht worin ich mit arbeite gruben und fuhren wir in fünf Tagen aus, den es war meistentheils Sand und lies sich leicht Arbeiten, von dieses Lohn, was es auf einen Schacht betrug, wurde uns auch nur für fünf Tage Kostgeld abgezogen, und wir bekahmen der Mann über einen braune Thaler ausgezahlt. Wir fingen bei einer andren Schacht zu Arbeiten an, statt die erste Sandig war! wo wir stehts hinter einander weg graben konnten! so waren hier feuersteine mit sehr zäher Erde verbunden, welche wir so wenig loß hauen noch auf die Schaufel bringen konnten, und wurden mit dieser erst in vier zehn Tagen fertig. nun wurde uns auch hier von auf vier zehn Tage Kostgeld abgezogen und wir bekahmen nur

1 Meaux, ca. 40 km westlich von Paris

der Mann in den vierzehn tagen vier franken zum Lohn. Die Franzosen die neben uns arbeiteten, erlaubten sich immer vorrechte! Sie nahmen uns oft die Bretter weg die wir beim ausfahren brauchten, es enstand dadurch ein großer Streit und weil uns die franzosen hierbei sehr schimpften, so legten wir alle unser Handwerkszeug nieder und gingen aus der Arbeit. Wir wurden nachdem befragt: Ob wir nicht Arbeiten wollen? Wir ließen den Ober=Inspector wider sagen: Zwischen die Franzosen nicht und bei das zu geringe Lohn, bei so schwäre Arbeit könnten wir auch nicht bestehn; man wollte uns mit der Gewalt zur Arbeit zwingen und droheten uns durch Strafe. Und einige von unsern frühern Vorgesetzten, welche glaubten, daß Sie ihren Preußischen Korporal=Stock noch in ihre Hand zu führen hatten fuhren gewaldsam auf uns ein, wir verstanden das ding aber unrecht und griffen nach unsere Stöcke und arbeits Schippen, und brachten sie zum schweigen, wobei ein mancher von ihr dichtig was aus gewischt bekahm. Man lies uns einige Tage ganz ruhig gehen. Den einen Mittag mußten wir antreten wir wurden durch die Feldwebel verlesen ob wir auch alle beisammen waren, hierbey kahmen viele Gens de arme welche uns von hinten und von der Seite einschlossen. Vor uns marschierten zwey Bataillons Infanterie auf, welche aus Paris gekommen waren. Sie ladeten alle ihre Gewehre. Man laß uns eine lange Proklamation wegen unsers Vergehen vor, nachdem wurden sechszehn Mann, welche man als Uhrhäber der Unruhe erklährte, hervor gerufen. Zwey und zwey Mann wurden von diesen zusammen geschlossen und so nach Paris in Arrest gebracht. Uns wurde gesagt: Wir sollen nun ruhig wieder an unsere Arbeit gehen, oder man würde bei der geringsten Wiedersetzung ganz anderß mit uns verfahren, daß übrige würde ausgemacht werden, und ins künftige sollen wir nie allein wehren. Wir arbeiteten wieder und erhielten den Tag vierzehn Sous und Essen, konnten wir vor schlechtes Wetter nicht Arbeiten! so bekahmen wir doch unser Essen. Wier bekahmen Täglich des Morgens Brantewein, des Mittags einhalb Pfund Rindfleisch, Weitzen Brod zu Suppe und Gemüße, auf den Ganzen Tag drey Pfund Brod, das Essen war reichlich und gut.

Die Witterung erlaubte uns in diesen Herbste aber oft nicht mehr als zwey bis drey Tage in einer Woche arbeiten zu können, nun verzährten wir wieder mehr als wie wir verdienten, man versetzte dieserhalb unser Lohn bis auf zehn Sous Täglich, und bekahmen auch nur zu Essen wenn wir arbeiteten.

Dieser Lohn war uns doch bald zu geringe. Die Franzhosen welche auch hier am Kanal arbeiteten redeten uns zu, mit ihr zu arbeiten, ich und viele meiner Kammeraten thaten es auch, den sie zahlten uns doch pro Tag zwölf Sous und was zu Essen. Hier Arbeitete ich so lange als die Witterung nur erlaubte.

Gegen Weihnachten verließen wir wegen des schlechte Wetter unsere Zelten und bezogen im Dorfe meheren Stuben, Kammern und Boden. Ich kahm auf einen kleinen Boden, wo wier unsere sechszehn Mann beisammen lagen, wir lagen in zwei Reihen, neben einander hatten wir Platz genung aber gegenseitig mußten wir die Füße zwischen einander legen, das Stroh lag auf den ganzen Boden zerstreut, wo den ganzen Tag mit den dreckigten Schuen drauf herum getreten ward, es laß sich leicht versten, daß es einen Viehstall ähnlicher als eine Wohnung und Lägerstelle für Menschen war. Ich und Kutscher aus Brandenburg mein Schlafkammerat hatten beide eine gelieferte Dekke, sie war ziemlich groß aber doch nicht hinreichend, legten wir sie uns unter, so hatten wir oben nichts und decken wir uns darmit, so mußten wir mit den Hintern im Stroh liegen, eines nachmittag dachte ich, als ich die Dekke in die Hände bekahm: Halt! dies Unangenehme will ich abhelfen und will unter und Ober mir was davon haben; ich machte mir sogleich dabei und verfertigte einen Sack aus die Decke, des Abens beim schlafengehe machte ich Kutschern bekant, daß er nun mit mir in einen Sack kriechen müste, und wir dadurch eine unter und Oberdecke erhalten; im lachen über unser Schicksal setzten wir uns hin um in den Sack zu kriechen, im sitzen und schertzen gelang es uns aber nicht im Sack hinein zukommen. Wir mußten auf stehen, im Sack hinein steigen und selbigen in die Höhe ziehen, und so mit einen Kommando: Fall um! warfen wir uns gleichzeitig aufs Lager nieder, hierbei geschah es oft das einer auf den Andren fiel und unsanft stoßte, es fand aber auch keine Beleidigung im Sack statt, den wir waren zu fest durch seinen engen Raum aneinander geschlossen und dadurch des Streitens unfähig. Weil wir hierin so eingeschicht liegen mußten, so fand auch keine einzelne Bewägung statt, wollte sich einer herum drehn oder auf einer ander Seite ligen, so hies es Nein! und so mußte diese Wendung von uns beiden zugleich geschehen, und doch beunruhigten uns hier zu oft die Völker(läuse) die durch Nachlässige und durch das zusammen gedrängte Lager entstanden. Die Weinachtsfeiertage kamen uns immer näher und wier scherzten oft darüber was uns der Weihnachtsmann woll bringen würde, ich schoß meine Kasse über, und vier Sous war der ganze Rest, den ich die Weinachten zu verzehren hatte, ich legte mir hiermit ruhig schlafen. Am ersten Weinachts morgen, liege ich noch auf mein Lager als einer von uns die Leiter zu uns herauf kommt und schreit aus voller Kähle: Ha! Holla! Heda! nun gehen wir zu Hauß: Vivat Hoch! worauf er aus seine Weinflasche trinkt die er in der Hand hatte, wier riefen ihm entgegen ob er unsinnig sey, er läßt sich aber nicht stöhren, und so kahm er zu unß auf den Boden und spricht: Hört Kammeraden was ich jetzt aber erfahren habe und mir die Gens de armeen auf ihrer bestimmten Zuverlässigkeit versichert haben sie wollen keine rechtschaffene Männer sein wen sie lügen. Das Order ist da wir werden ausgelößt und werden bald nach unser Heimath zu rück kehren; er ging wieder zu rück und überließ sich seiner Freude. Wir sahen uns einander an und beschäftigten uns mit ankleiden, wir wahren aber hiermit noch nicht fertig, so kahmen schon meherer in Jubelgeschrei und schrien vor uns vorbei; Nun gehen wir zu Hauß es ist wahr und wir sind gewiß davon überzeugt. Hurra! Heute trink ich noch drey Flaschen Wein (schrien wier) auf mir und meine Eltern ein gesundes wiedersehn. Vor Zittern für Freude konnte ich kaum mit Anziehe fertig werden und zum Ende kommen; ich ging ins Dorf und erfuhr, daß es unser Oberbefehlshaber und der Gens de arme der die Order so eben gebracht hatte, an uns bekant machte das wir den Ersten Januar nach Preußen Marschieren. Ich war zufrieden mit meinen Heiligenschrift und dankte Gott in stillen.

Den 31ten December 1808 wurden 200 Mann eingekleidet, den 1ten Januar 1809 marschierten selbige ab, und so marschierten den 2ten, 3ten und 4ten wieder 200 Man und den 8ten die letzten welche jedes mal den Tag vorher eingekleidet wurden. Wir bekamen zur unsere Bekleidung: Ein Hemde, eine Gadke (wie ein breiter abgestutzter Leibrock) ein paar Hosen, eine Feldmütze und ein paar Kammaschen Schue hatte ich schon früher bekommen. Den 9ten Januar 1809 trat ich den so gewünschten Marsch an, und ging in der Gesellschaft mit den alten Böme immer langsam fort, und hatten wir eine meile marschiert, so langte der alte sein Püllchen aus der Tasche, tranken beide einen Schluck, aßen ein Stückchen Brod dazu, so blieben wir beide Gesund und kahmen weiter als die! so angfangs gleich loß liefen, wo ich glaubte sie wollen gleich in einen Tag von Paris nach Berlin laufen, es dauerte aber nicht lange so waren ihre Füße wund, hinkten und blieben zurück, und von die sich so sehr erhitzt hatten Tranken übermässig Wasser und wurden krank, und was half es die! welche so früh im Tappen-Ort[1] waren und doch so lange warten mußten bis das der Gens de armeen alles geordnet hatte, wo sie sich dann in den Zug erkällten und steif wurden. Marschierten wir nach unsere Quartier welches meistentheils von Tappenort noch eine Strecke entfernt war, so sprang ich frisch voran, und lachte die hinkende und stöhnende was aus, erbath von Gens de armeen für mir und den alten Böme ein gut Quartier, legte dort meine Sachen ab und erwartete ihm am Thor, so wie er mir dan sah, strich er seinen groß Schnauzbarth aus den Mund und ging mit mir.

Im Hochheim bekahm der Mann eine halb Flasche weißen Wein In Frankfort am Main bekahm ein jeder Tracktament und Schue, meine verkaufte ich, da die, die ich noch hatte sehr gut waren.

In Burg[2] bekahm ein jeder seinen Entlassungs-Schein, ich und meher verlangten zum Regiment, und wurden von hieraus nach Spandau zur dritten Kürassier Brigade verwiesen, ich meldete mir bei den Chef der Brigade, und

1 Etappe: milit. Rastort, Tagesmarsch (Paul, S. 304)
2 ca. 25 km nordöstlich von Magdeburg

wünschte gern in ihren Dienst wieder eintreten zu können, ich bekahm aber zur Antwort: Man habe jetzt schon mehr Manschaften als man brauche, und könne nicht angestellt werden, solte mir nachher wen man welche anstelle, wieder melden. Der H. Leutnant von Löbel[1] gab mir einen Uhrlaubs Paß und ich trat meinen Weg nach Neuhaldensleben an. Als ich bei Heinrichrichsberg[2] über die Elbe fahren wolte, so saß der Fährman gerade bei sein Mittag brod, er mochte es mir ansehn das ich Hunger hatte und both mir die noch übrigen Erbsen an, ich verzehrte auch solche mit den größten Appetit, nach dem fuhr er mir nebst seine Schwester über: Ich ging den Tag nach Wollmerstedt, blieb dort im Hauße über Nacht, wo ich die Handschumacher Proffession, erlernt habe. Der Gesell namens Roter der hier schon arbeitete, da der Meister noch lebte, hatte ihr geheirath. Sie freuten sich aber recht sehr über mein wieder sehn, zugleich bedauerten sie mir auch über daß, was ich schon gelitten hatte und auch mein jetzt noch so schlechte Lage. Von hier aus richtete ich meinen Marsch so ein, daß ich das Abend in Dunkeln bei meine Eltern eintrat, um nicht von Menschen gesehen zu werden, wegen meinen schlechten Anzug, meine Mutter war in der Stube ihres Nachtbars, ich pochte dort an, man hieß mir herein kommen, ich blieb aber draußen stehn nach eine Pause pochte ich noch mal. Meine Mutter nahm das Licht und sagte werend sie nach der Stubenthür zu ging: Ich muß doch sehen wer da ist! und nun bekahm Sie zusehn Ihren Sohn in alte zerrissene Kleider und den Bündel auf den Buckel sie schrie laut auf:

1 Friedrich Christian Ernst v. Löbell (1764-1845)
2 ca. 20 km nordöstlich von Magdeburg und 8 km nordöstlich von Wollmirstedt, links der Elbe

Christel bis Dus! und unsser beiderseitige Freude läßt sich nun woll denken. mein Stiefvater war auf Arbeit und kahm den ander Tag des Abend erst zu Hauße, seine Freude war groß den er liebte mir sehr. Juliane reichte mir auch ihre Hand zum Willkommen und heiß umschlungen siegelten wir das Pfand der neuen Liebe auf unsere Lippen. Dieses war nun alles recht gut, aber? was sollte ich nun weiter anfangen, meine Eltern konten mir nicht lange ernähren und Julianen konnte mir wegen die Aufsicht ihre Eltern nur wenig helfen, keine Arbeit war nicht! und dabei war ich nackend und bloß, den was ich von meinen Zeuge hatte zu Hauß gelassen, war von meinen Stiefvater alles zerrissen, bis auf einen blauen Über-Rock der für sechs Jahre versetzt war, ich hatte nun weiter nichts als was ich mir hatte mitgebracht und dieses war beinahe alles unrein. Es ist wahr das mancher die Zeit da die Franzosen in das Preußische Land haußten, von solchen aus gezogen und um dessen halber ein armer Mann geworden ist. Mein Stief Vater war ein Arbeitsman, wohnte zur Miethe, und kannte dieserhalb den Druck der Franzosen wenig unzufrieden und wer nur die Zeit daß zur Arbeit hatte, der verdiente auch und brauchte nicht noth zu leiden; so wie er aber! wollte bloß von Faulenzen und Liederlichkeiten Leben das ging nicht! und meine Mutter war zu schwach alles allein zu erhalten. Nun möchte er mir auch als seinen Sohn lieben und leiden, so bin und konnte ich ihm doch nicht gut sein. Ich arbeitete meine Gauke um und machte sie daß ich mir damit sehen lassen konnte, ich ging aber dennoch wenig aus und dieses geschah nie ohne Schahm, ich saß auf in Gedanken und dachte meine so üble Lage nach, was ich machen und beginnen solte, wie und wodurch ich mir ernähren soll, von meine Eltern konnte ich keine Unterstützung erwarten, den die waren zufrieden, hätte ich ihr was mitgebracht, viel weniger, da ich was von Ihnen haben wollte, und hätte ich das nur wieder gefunden, was ich ihr gelassen und welches mein Stief vater liederlich zerrissen hat, so hätte ich mir doch können ohne Schahm sehen lassen, so stand es aber ganz traurig um mir.

Bey den Dienstfähigen wurde es damals genehmigt, daß bemittelte Leute dessen Sohn die Jahre zum Soldat werden erreicht hatte, und sich zur Konskribution[1] stellen mußte Einen für sich ankaufen konnten, es waren schon einige von meinen Kammeraten womit ich früher Gedient hatte, die einen solchen Posten für einen andern Zu dienen, angenommen hatten, den wer früher beim Preußen gedient hatte war beim Westphalen frei und konnte für andere dienen. Bei der zunächst bevorstehenden Konskribution redete mir mein Stiefvater zu einen solchen Stellvertreter-Posten anzu nehmen, mir konnte aber nie der Gedanke dahin führen, das ich für einen andern mit Blut und Leben dienen sollte.

Die Gelegenheit fügte sich. Ein gewisser Bauer aus Dreyleben[2] namens Röber war sehr bemüht um einen Stellvertreter für seinen ältesten Sohn, Jacob. Mein Stiefvater sagte mir dieses und hielt es sehr vortheilhaft für mich. Durch zuredung meiner Elter, mehrer freunde und durch drückende Noth, nahm ich es an, mein innerlicher fester Vorsatz war es aber dennoch, nie als ein erkaufter für einen andern ein Gewehr zu führen und in Westphälischen Diensten zu träten. Dieser Bauer kahm zu mir und war äußerst

1 Konskription: Aushebung der wehrfähigen Staatsbürger für den Wehrdienst

2 Dreileben im Bördekreis, Sachsen-Anhalt, ca. 20 km westlich von Magdeburg

vergnügt einen größeren und schönere Mann als sein Sohn Jacob für solchen stellen zu können, ich Acordierte[1] mit ihm und ward mit ihm einig daß er mir auf die drei Dienstjahre zu geben berechtigt sei. Am baren Gelde Dreyhundert Thaler, hiervon funfzig beim Abmarsch, nach einer ein und einhalb Jähriger Dienstzeit hundert Thaler so ich es verlange, nach geendigter Dienstzeit daß noch zu zahlen berechtigte mir sodann gleich aus zu zahlen. Ein jedes Jahr für mich drey neue flächserne Hemden, acht Ellen[2] Leinwand zu zweypaar Beinkleider, zwölf Pfund Wolle. An meine Eltern jährlich, sechszehn Thaler als Hauß miethe eine Klafter[3] eichen Holz und einen fetten Hammel. Würde ich in Kriege getödtet, so solt dies hier festgesetzte und der Bauer Röber an mich zu geben schuldig ist; an meine Eltern welche dan die rechtmäßige Vorderung daran haben; dieses war auf die drey Dienstjahre vestgesetzt, traf ihm nun das Marsch looß so mußte ich für ihm eintreten, bekahm er ein reserven Looß, so ging ich mit nach Dreyleben verblieb auf seinen Guthe bis die Reihe zum Marsch an ihm kahm, erhielt Wöchendlich einen halben Thaler Wartegeld sowie Wäsche, Essen und Trinken wie die Herrschaft, alls Bequemlichkeiten und in ihren Hauße gleich ihren Kindern betrachtet, wollte ich etwas Arbeiten, so sei es stehts aus meinen freien Willen, aber nie mit Zwang, dies ward alles Gerichtlich fest, geschrieben. Jacob zog ein Reserve looß und ich ging mit nach Dreileben. Arbeitete etwas zu meinen Vergnügen damit mir das Essen besser

1 akkordieren: sich einigen, vergleichen (Paul, S. 53)
2 altes Längenmaß, regional schwankend, entspricht in der Regel 55-60 cm (Kahnt/Knorr, S. 83)
3 alte Volumeneinheit für Holz in Preußen, ca. 3,3 m^3 (Kahnt/Knorr, S. 143)

schmeckte, ich war mehrentheils mit den zweiten Sohn Christoph beisammen, unterhielten uns und übten des Abens meherer Ranke aus, und so verging ein halbes Jahr. Im Herbste stehe ich auf ein fuder Heu um es ab zu reichen, so schickt mir mein Vater einen Brief und schreibt mir hierin. Ich sei aufgefordert zur Konkribition Aushäbung und habe mir den andern Tag um acht Uhr auf den Rathhauße zu melden und dort die Verfügung und das Loß abzuwarten; ich sei der Aushäbung noch nicht frey, indem ich erst zwey und zwanzig Jahr alt sei so schütze mir mein frühere Dienstzeit nicht. Meine Eltern baten mir sehr in das Schreiben, mir doch um gehöriger Zeit einzufinden und ja nicht ausbleiben, oder gar entweichen, nicht allein um die Beschwärden die nun Sie um mir machen würden, weil man mir von Sie vorderte, sondern um den Gram den sie um mir haben würden. Ich bekahm beim flüchtien Durchsehn dieses Schreiben einen solchen Schreck das mir die Heu forke aus die Hand fielt, ich war es auch nicht vermöge länger auf das fuder Heu zu bleiben, man frug mir nach meiner bestürtzung und ich sagte sie meine Verhältnisse. Herr Röber war hier über ganz zufrieden, den er glaubte somit auch sich meiner zu entledigen, weil sein Sohn für den ich Stellvertreter war, durch meine angeblichen Fehler frey von Militair Dienst ward.

Meinen Rock hatte ich wieder eingelöst, Huth, Weste und Tücher hatte ich mir gekauft; Hemden Hosen Strümpfe und ein paar Stiefeln hatte mir Herr Röber gegeben, so war ich wieder ziemlich gut eingekleidet.

Den kommenden Morgen ging ich nach Neuhaldensleben, der Diener war schon einige mal bey meinen Eltern gewesen und nach mir gefragt, da er zum Dritten mal geschickt ward so traf ich mit ihm zugleich bei meine Eltern an, er bath mir zu eilen weil ich schon einige mal vorgeladen sei, ich gab ihm kurtzen Bescheid und hies ihm gehen auf zuredung meiner Eltern ging ich dan auch gleich. Ich kahm Oben, meldete mir, und man forderte mir auch gleich auf, ich wurde befragt ob ich fehler habe? Nein! ich sollte den Mund auf machen, damit sie sehen ob ich noch alle Zähne hätte, ich wies Sie verbissen und aus Ärger die Zähne und antwortete ihr auf ihre nachmalige Frage nach Fehler. Ich sei noch nicht so lange aus Preußischen Diensten worunter keine fehlerhaften wären.

Mann sahe es mir an das ich sehr verdrüßlich war. Sie redeten mir schertzhaft an, der Westphalinger brauche auch gute Soldaten, ich solte nur nicht Ärgerlich sein, ich würde es hier vieleicht besser haben als beim Preußen; ich ward zur anderen Stube verwiesen, wurde gemessen. Im Rational welches von mir aufgenommen wurde, schrieb man mir eine rothe und gesunde Gesichts Farbe zu, ich war bluthroth im Gesicht und glühte wie Feuer, aber nur bloß von der erhitzung auf der Reise und wegen Disperation worauf ich einen kleinen getrunken hatte.

Bei der Ziehung bekahm ich ein Reserve Looß No. 24 aber das nächste zum Marsch, ich stand am Ofen und wartete die weitere Befehle ab, so kahm ein junger hübscher Offizier der hierbei mit in Geschäften war zu mir und gab sich mit mir ins Wort. Was haben Sie für ein Looß gezogen bestimmt ein Reserve Looß? Ja! O' das ist schade ein so junger hübscher und feuriger Mann wie sie! muß es nicht lieb sein ein Reserve Looß zu ziehen, und besonders wie das ihrige! da sie doch beim nächsten Vorfall einträten müssen: den wie schön hat es nicht jetzt ein Soldat er wird von jeden sehr geachtet; kann von seinen Tracktament gut fertig werden, und ist er auf den Marsch so muß ihm stehts aufgewartet und jeder Bedarf gereicht werden. Mann kömmt hierbei in die Weld und erfährt daß, was man noch nicht weis, besonders wenn wir das Glück haben, nach Frankreich marschieren zu können, in allen den schönen Gegenden wo wir dort durchkommen, wo uns der Reiter mit den vollen Weinglase bewillkömmt, und kommen wir vor den feind, so haben wir zu erwarten, daß nach unsern guten Aufführung uns bald ein Avanzement bevorsteht. Er schloß hiermit seine Rede. Herr Leutenant (redete ich ihn an, wobei ich ihn von unten bis Oben maaß) sie glauben weil ich noch so jung bin, müßte ich dieses alles aus unerfahrenheit glauben, dies schlagt bei mir aber fehlt! Daß ich ein Reserve Looß gezogen habe ist mir lieb, damit ich mir ausruhen und besinnen kann: Geachtet wird hier im Westphälische der Soldat das ist wahr, er muß aber Geld haben, und das hat er nicht, den daß was er von seinen Tracktament herraus bekömmt, ist kaum hinlänglich zu einen! viel weniger zu mehrer Tage, und ist er auf den Marsch, diesseit den Rhein, reicht man ihm woll noch zu Essen, notabene er muß zufrieden sein was er bekömmt, aber jenseit den Rhein ist es all, und in Französischen muß er so gahr daß was ihm der Wird kochen soll sich selber einholen, forder er sich Waßer so zeigt man ihm die Plumpe,[1] für daß dortige Getränk zieh ich das Hiesige vor, weil ich dabei groß erzogen bin und so leicht keinen Ausschlag darnach bekomme: Eine Romantische Gegend ist dort das ist wahr, ich will aber hier lieber gehen als dort die Berge klettern: Was den Krieg anbetrift zwischen Frankreich und Spanien weis ich! der Französische Soldat hat jetzt nur immer in

1 Wasserpumpe (DWB, Bd. 7, Sp. 1941)

Spanien zufürchten, beim genuß des Wassers! daß er nicht vergraben wird, beim gesuch der Lebensmitteln das er nicht erstochen wird, rückt man vorwärts! so ist er hinter sich nicht frei von Feinden, waren sie angegriffen! so gar von den Bergen mit Steinen Todt geworfen werden, und sie zu besiegen hält schwähr, weil sie sich stehts zwischen den Bergen versteckt halten, es ist noch nicht lange her das ich von Paris gekommen bin: Das Militairsche Leben ist mir nicht ganz unbekant, solte es der Herr Leutenant besser erwarten, wie ich es gefunden habe, so wünsche ich sie Glück. Der Offizier sah mir mit großen Augen an, er verlies mir; und habe ihn auch nie wieder gesehn; ich ging in der Gesellschaft mit mehrer meine Kammeraten in Tabagien, und lebte den Tag lustig. Ich ging zum Burgemeister Reich und forderte mir einen Paß, um in Magdeburg meine Freunde besuchen zu können, ich erhielt aber keinen von ihn, indem ich das Neun=Jahr noch nicht in Neuhaldensleben war, und man mir nicht in der Seelen-Liste mit auf genommen hatte, so konnte ich nur einen Reise-Paß von der Prefectur erhalten, wofür ich aber einen Thaler zahlen mußte, der Burgemeister wolte mir dieses ausreden und da er ohngefehr mein Vorhaben merkte, so erzählte er mir (beim Kaffe wozu er mir einlud) das schon viele unter den Westphälinger ihr Glück gemacht hätten und da ich einige Schulkentnisse hätte, und ein guter Soldat sei, so solte ich mein Glück nicht verschertzen, er erzählte mir noch einiges von schnellen Avansement und entlies mir, wobei ich ihm noch versprechen mußte! nicht weiter zu gehen, ich dachte Pappele[1] du nur! ging zu Hauße traf meine Mutter

1 plappern (DWB, Bd. 7, Sp. 1445)

welche eben nach den Garten gehen wolte, ich forderte mir noch ein Hemde und ein paar Strümpfe, sie frug was ich damit wolle, ich sagte ihr, ich wolte nach Wollmerstedt gehen um dort meine alten Freunde nochmal zu besuchen, es könne sein ich ginge weiter! kähme ich von dort nicht wieder durch Haldensleben; so müßte ich wieder zurück nach Dreileben. Meine Mutter horchte weil ich von Wollmerstädt weiter, woll gar über die Elbe gehen wolte, holte mir weinend was ich verlangte und bat mir, ihr doch nicht zu verlassen; was half es aber, meine Eltern konnten jetzt mir nicht helfen und ich nicht ihr. Ich zog mir zwei Hemden und zwei paar Strümpfe an, die Jacke über den Rock und so wanderte ich ab. In Wollmerstädt blieb ich nur einige Stunden, ging durch das Gehölz nach Heinrichsberg, war hier sehr besorgt das mir die Gens de armee nicht ertapten und als Arrestant würden wieder zurück bringen, ich hatte aber gerade am gefährlichsten Posten Glück, ich hatte das Wirths Hauß noch nicht erreicht als der fährmann mit seine Schwester herraus kahm, sich nach mir umsah und mir zu eilen zurief, wen ich mit hinüberfahren wolte, ich sprang zu, sätzte mir in den Kahn und fuhr ohne Paß über die Elbe, als ich herüber ins freie war, frug ich den Fährman ob er mir noch kenne und sagte ihm, da er mir nicht mehr kannte, die dicken Erbsen hätten mir damals als ich aus Gefangenschaft zurück kahm, bei ihm sehr gut geschmeckt, und sei auch in der Gesellschaft seiner Schwester übergefahren, er wunderte sich über meine Verwandelung und nahm Abschied. Ich ging den Tag noch nach Burg und blieb dort über nacht. Den andern Tag kahm ich nach Rathenow und meldete mir beim Commandeur des 6ten (damals 3ten) Kürassier Regiment und hielt um Dienste an, man konnte mir hier nicht Anstellen, und wurde zur

Ersten Eskadron[1] an den Rittmeister von Bieren verwiesen, ich ging nach Nauen[2] meldete mir dort und der Rittmeister 1809 von Bieren nahm mir an. Ich bekahm Quartier, wurde eingekleidet und mußte Exerzieren, zu fuß nur einige Tage, zu Pferde aber etwas länger den ich hatte meheres marschiert.

Im December marschierten wir nach Berlin, als der König nebst seiner Garde aus Preussen in Berlin einrückte, als wir wieder in Nauen zurück waren, so fehlte es den ersten Tag an Hexel, ich wollte mir selber welches schneiden, und weil die Klinge nicht recht schneiden will, so streiche ich sie etwas rasch und verdrüßlich und stoße mit den Daum in die Klinge, so daß ich ihn beinahe ganz aufspalte. Am Fuße hatte ich ein klein Geschwühr, durch Kratzen und reiben ward es schlimm und bekahm die Rose dran: Des Nachts um die Mitternachtstunde wird Sturm gelauten und die Leute schrien Feuer, ich in Hosen und Pantoffeln hinaus, da ich aber erfuhr, es sei vorm Thor, so dachte ich, dan hat es keine Noth, zog mir aus und legte mir wieder ins Bette, kaum hatte ich mich hierin gelegt, so blies der Trompeter Lärm, ich zog mir wieder an (die Hose zweimal, ein mal verkehrt) so gut ich konnte, die Stiefeln konnte ich vor geschwulst an füßen nicht aufziehn und die Hosen nicht zu knöpfen, mußte so mit den bloßen Fuß in kompletten Anzug den Mantelsack unter den Arm nach den Pferden laufen, welche sehr weit von meinen Quartier standen, das Satteln und Packen ging schlecht wegen den aufgespalltenen Daum an der rechten Hand, endlich kahm ich dennoch mit meine beiden Pferde auf den Alarm-Platz an. Es brann-

1 frz.: esquadron, Reiterabteilung
2 ca. 45 km nordwestlich von Berlin

ten einige dreysig Scheunen vor das Thor nahe an der Stadt ab, so daß, das Feuer über die Stadt flog und jeden Augen blick fürchtete daß es nicht an mehreren Orten in der Stadt zündete, durch meherer Hülfe ward es gedämpft und wir rückten des Morgens wider ein.

Eine Zeit lang lag ich beim Tischler Meister Lange ins Quartier, diese Leute schienen Angfangs recht gut gegen mir zu sein, ich erhielt Mittags Brod für billigen Preiß. Eine Treppe führte von der Straße nach meine Kammer, und konnte nicht anderß auf den Hof als durch ihre Haußthür: Ich bekahm hier das Fiber. Der Wirt so wenig als die Wirthin sahen sich in meiner Krankheit nicht nach mir um, wenn die Miethsleute die neben mir Oben wohnten, mir zuweilen hatten etwas Ihr mit gekocht oder einen Wassertrung gereicht, so hätte ich müssen umkommen: Den einen Morgen als mir die Nothdurft drängte, will ich nach den Hof, die Wirthsleute, die gemein hin bis halb mittag im Bette lagen, hatten die Haußthür noch nicht offen gemacht, und wolten auch mein rufen nicht hören, ich schob einen kleinen Riegel vor einer Thüre welche von der Treppe nach der Haußthür fuhrte, zurück, und ging nach den Hof, dieses hatten mir die Leute so übel aufgenommen, schimpften und sagten, vor ihr könnte ich doch nur liegen wie ich wolle, so wollten sie mir in keiner Art behülflich sein, auch in das, was nahe beforstende Osterfest solte ich nicht das mindeste zu Essen von Sie haben. Um eine solche Kleinigkeit, daß ich den Riegel zu rück schob welcher von der fluhr Seite war: Aufmachen wolten sie nicht, und auf die Straße konnte ich mir doch nicht hinsetzen; Waren das Menschensfreunde! neben an, bei der Muttern Marzahn standen meine Pferde, eine sehr gute Frau, sie bedauerte mir herzlich und that mir auch viel gutes. Ich ging in Lazareth und lebte ohne beihülfe meines Ausverschähmten Wirths hier recht gut.

Es waren meher im Lazareth, worunter auch der Unteroffizier Geuder war, welcher auch am fiber litt, dieser um das fiber loß zu werden, hielt sich noch neben bei einen Stadt Doctor, und vor alle die gute Medizin die er ein nahm, wolte keins ihm das fiber vertreiben; er erhielt einen Tag rothe frische und scharfe Sauertropfen, wenn man hier von einen Tropfen aufs Bettlaken goß, so rauchte es und brandt wie Vietriol.[1] Da sie ihm nicht helfen wollten, so bot er solche mir an, ich nahm den ersten Tag vier und zwanzig Tropfen mit Wasser vermischt davon ein, sie schmeckten nicht gut, zogen mir Hals und Magen ganz zu sammen, da ich aber mein Fiber gern loß sein wolte, so versuchte ich es auch den andern Tag. Unteroffizir Geuder zählte mir wider welche ein, und nach seiner späten Aussage war er sehr hoch an der Zahl gestiegen, und es hätte dannach ofters dabei gestrullt.[2] Der Tassenkopf war über die Hälfte voll Tropfen und man konnte nicht genug Wasser darzu thun, er gab sie mir zu trinken: beim zweiten Schluck holte sich schon wider der erste, ich druckte es hinunter, und so wie ich den dritten und letzten hinunter schluckte, so bekahm ich ein Erbrechen, wobei der Magen so gewaltig krampfhaft arbeitete, daß ich glaubte er müste auch mit herraus, das Herz schlug gewaltig das Blut flog schnell durch den Körper, der Körper zukte krampfhaft, und ich konnte mir auch nichts anderß denken als das es mein letztes war, man brachte mir Sinnloß ins Bette, Unteroffizier Geuder sätzte sich neben mir und horchte ob ich noch Ahtmete, und bath

1 Vitriol(öl): rauchende Schwefelsäure
2 gespritzt (DWB, Bd. 10, Sp. 109)

das ich doch hierran nicht sterben mögte, weil er mir hierzu, zugeredet hätte und als Schuldiger Theil mit wäre; nach einigen Stunden Ward ich wider besser. Geuder war froh und gelobte, nie einen wieder was einzugeben und ich ward mein Fiber doch nicht loß, die scharfe Saure hatte mir die Zähne so gelößt und gestumpft daß ich in acht Tagen nicht ein weich gekochte Ertoffel beißen konnte. Das Fiber wurde nach und nach schwächer.

Wier marschierten nach Rathenow zur Revüe, bekahm hier Quartier: Der Wachtmeister Graf befahl das ich jedesmal beim Verlesen mit bei sein sollte, da mein fiber nur schwach sei; hierdurch versterkte sich das fiber, und da ich es früher nur alle zwey Tage bekahm, so fühlte ich jetzt Täglich seine volle Wirkung, nun war ich erst recht übel dran! Nach geendigter Revie fuhr ich auf den Wagen wider nach Nauen, bekahm Quartier bei einen Leineweber und ging nicht wieder ins Lazareth, hier ward ich auch mein Fiber loß.

1810 Im Monat Juli marschierten wir nach Berlin, zur Königin Luise ihr Leichenbegängniß, ich war hierbei noch sehr schwach von Fiber und ward mir ganzlich sauer.

Im Monat September standen wir in Fehrband und Exerzierten bei Potsdam. Der Unteroffizier Geuder hatte das Fiber noch, ich war damals bei ihm als Bursche; Einen Mittag hatte unsere Wirthin grüne Bohnen und Schweinefleisch gekocht, ich nöthigte Geuder zum Essen, er sagte, dies sei kein Gericht für ihn und esse es nur wen er gesund sei sehr ungern, ich nöthigte ihn nochmal und sagte: Es schmecke doch gar zu schön! er antwortete, ja das glaube ich, den es richt mir so schön zu das ich es doch kosten muß, er sätzte sich, kostete und kahm hierbei in Geschmack und meinte, So gut hätten ihm noch nie grüne Bohnen geschmeckt, er aß sich recht satt und bekahm das Fiber nie wieder, wie froh war Herr Geuder. Nach beendigung der Revie rückten wir wieder in Nauen.

Den Ersten Januar kahm ich nach Neu-Ruppin auf Kommando, es war dem Tag eine starke Kälte, es erfrohren fiele von uns Ohren, Hände und Füße. Nach verlauf einen Monat wechselten wir und ich kahm nach Gransee;[1] unsere Pferde standen bei den Gastwirth Sommer, dessen Tochter, eine Schönheit, wie ich noch nie gesehen. Des Abens unterhielten wir uns bei der Wittwe Wegener, es war hier ein Sammelplatz der Liederlichkeit, im Monat Merz wurden wir abgelößt. 1811

Im Monat Maerz und Aprill mußten wir die Franzosen, die in starken Kollonnen durch Nauen marschierten, plaz machen und bezogen solange die Dörfer Wustermark und Düraz.[2]

Den 21ten Aprill verließen wir unsere alte Garnison Nauen, Exerzierten acht Tage bei Potsdam und Marschierten von dort nach Büskow,[3] ich erhielt hier ein Quartier, wo ich mit die Tochter und ein Schönes Mädchen [Andras] aus Kotbus,[4] welche hier in Schlafstelle war, sehr viel Bekandschaft machte und besonders von letztere war der Abschied schwähr; Ich traf auch hier meinen alten guten Freund und Schulkammerad Hausmann. Den 19ten July bekahmen wir des Abens acht Uhr Order zum Marsch, mußten die ganze Nacht hindurch Arbeiten und wurden kaum des Morgens zum Abmarsch fertig. Marschierten den 20ten

1 ca. 25 km nordöstlich von Neuruppin
2 Dyrotz, Gemeindeteil von Wustermark, ca. 30 km westlich von Berlin
3 Beeskow, ca. 30 km südwestlich von Frankfurt/Oder
4 Cottbus

von hier ab und kamen den 22ten July nach Berlin, nach acht Tage ward ich nach Perleberg[1] auf Kommando kommandiert, wo ich mit dem Husaren Marschal Mosen Abende in Gesang und Schertz und in der Gesellschaft des schönen Geschlecht vollbrachten. An mehres erinnere ich mich hier, im Gedächtniß ist es woll kurz umfaßt, aber mit die Feder wird es mir doch zu langweilig. Im December wurde ich abgelößt und rückte wieder in Berlin ein. wir wurden auf Soldetat gesetzt und bekahmen alle drei Tage ein Commis Brod, das Essen schmeckte hier vortrefflich ich mußte mir mit den Tracktamen ein richten und hatte keine drei Tage genug am Commis Brod. Ich ward beim Trompeter Herrmann Bursche, bekahm zu meinen Lohn das Monat fünf Brode, das Brod war damals sehr theuer ich lößte doch mehrentheils Einen Thaler aus die fünf Brode, dies war eine große Hilfe für mir, Ich hatte (wärend dieser Zeit) Briefe und Wäsche von meinen Elter erhalten, meine Mutter war darnach sehr gekränkt um mir, sie schickte meinen Stief-Vater selbst, um sich von meiner Lage und Befinden zu überzeugen.

Den 25ten Maerz traten wir nebst eine Königliche Bagage
1812 den Marsch nach Schlesien an, und rückten den 19ten Tag in Grottkau[2] ein, wir fanden hier eine gute Aufnahme: unter den Leuten herschte Freundschaft und gute Gesinnung. Da wir als Freunde zu Sie kahmen, und unsere Religion und Lebensart mit die Ihrige ganz verschieden war, so wurden wir doch in kurtzer Zeit mit ihr, in der Bekandschaft und Freundschaft so verknüpft, das ein jeder Soldat bei seinen Wirth als wie zu Hauße war, und nach unsrer Meinungen,

1 ca. 80 km nördlich von Rathenow
2 heute Grodków, ca. 50 km südwestlich von Wrocław

würde man sich nie wieder trennen können: Wir wurden nich allein in guten Haußе von den Herrn des Haußes als freund aufgenommen! Nein! Frauen und Mädchens waren auch unsere Freunde und Freude; die auch wirklich von uns verheirath waren; so hatten sie doch hier keine Frau und verstanden die Liebesunterhaltungen am besten, kurz von der Sache wir lebten hier ganz glücklich.

Der Rittmeister von Löbell ordnete hier, nach der Beendigung des Scheibenschießen ein Fest mit der größten Feierlichkeit: den letzten Tag, wo noch jeder einen Schuß zu thun hatte, reichte er uns auf einer langen Tafel, Butterbrod und Brantewein, nach der Beendigung marschierten die Trompeter mit blasende Instrumente voran, hinter die kahm ein Chor Sänger, dan die Scheibe, nach der folgten die drey besten Schützen mit Crone und Ordenbänder von Eichen Laub und Blumen beehrt und von zwei Offizier begleitet, dan folgte der Eskadrons Chef mit der Eskadron und so marschierten wir mit Musik und Gesang in die Stadt vor unsere Obern und einige Vornehmen in die Stadt, marschierten wir (für uns ohne Offiziere) auf und brachten Sie ein Ständchen. In einen bequemen Gasthauße vor das Thor erhielten wir von unsere Rittmeister, freie Musik, Bier, Brantewein, Brod, Braten, Butter und Käse; die Bürgertöchter und einige Bürger nahmen mit Antheil an unsere Vergnügen, auch unser Rittmeister von Löbell und seine Frau tantzten auch einige mal. Den andern Vormittag sagte uns unser Rittmeister, wir sollen einige Stunden zu Hauße gehn, unsere Pferde füttern und uns aus ruhn und den Nachmittag wieder kommen, dies geschah: des Nachmittags began Tanz und Lustbarkeit wieder aufs neue und so ging's die zweite Nacht wie die Erste, bis daß wir uns gegen Mittag ganz zufrieden versammelten, unsern Eskadrons

Chef ein Hurra für seine Güthe dar brachten und nun zu Hauße gingen.

Im Herbste Exerzierte das Regiment bei Breslau, mit einer außerordentliche Zufriedenheit des Generals, und Bewunderung der Anwesenden fremden Offiziere. Der Winter kahm heran wo die Franzosen ihren Untergang in Rusland fanden. Die Russen trieben die Franzosen in der größten Unordnung aus Rußland und durch Preussen; wir waren stehts bereit, uns mit den Russen zu vereinigen, und erwarteten Täglich Order, welches auch baldigst den 14ten Mertz zum Abmarsch uns anmeldete. Am Marschtage wur-
1813 den die Pferde gesattelt und gepackt, wir zogen uns komplet an, dan läutete es zur Kirche, wo wir alle hinein gingen, die Kirche war auserst voll von Bürgerlichen, Der Prediger machte eine zu unsern Ziele sehr rührende Predigt, nicht allein alle Zuhörer weinten, sonder der Prediger konnte es sich auch nicht enthalten und lies seine Tränen freien Lauf. Nach geendigten Gottesdienst bliesen die Trompeter zum Ausrücken, alle Glocken lauteten, wir nahmen Abschied, das weiche Geschlecht reichte uns weinend die Hand und ging mit vorgehaltenen Tuche. Die Bürger begleiteten uns Feyerlich unter das Geläute der Glocken bis an die Gränze und über jede Feldmark wo wir Marschierten! begleitete uns der feierliche Klang der Glocken: Es war wirklich ein feierlicher und rührender Zug, und wo irgend noch ein gefühlvolles Herz im Busen schlug, der mußte hierbei woll empfinden, bei einen Abschied von Freunden! Wo ein, von Feinden unterjochtes Volk uns weinend die Hand reicht; und uns erinnert an die Pflicht, und baten um ihre Freiheit zu kämpfen.

Auf den Marsch setzte mir mein Pferd durch seine gewaltiges Springen sehr zu, so daß mir das Blut die Händen lang lief: Vor Breslau wo wir so lange halten mußten um den Russischen Kaiser einzuholen, klebte ich von Blut im Sattel und litt große Schmärtzen. Wier gingen bei Dresden über die Elbe, cantonierten nachdem funfzehn Tage in Ober-Beiern bei Altenburg,[1] marschierten von dort in der Gegend bei Groß-Goerschen[2] und lieferten hier die Erste aber sehr blutige Schlacht: bei einer Ataque auf ein feindliches Quarre[3] bekahm ich einen prell Schuß auf der linken Schulter, viele vom Regiment wurden Todtgeschossen und viele verwundet, es war den andern Morgen nur noch ein kleines Häufchen vom Regiment, bis daß sich nachher noch einige ein fanden. Wier reterierten von hier bis in der Gegen von Pautzen:[4] Ich litt sehr an meiner Wunde, den der Eiter hatte mir die Seite bis zur Hälfte wund gefressen, doch war es mir aber nicht möglich von meinen Kammeraten zu gehn. Den 20ten May kahm es wieder zur Schlacht, es wurde mit Muth und Tapferkeit von allen Seiten gefochten. Aber! wir mußten vor unsere Feinde weichen. Den letzten Tag wo uns die Franzosen schon sehr zurück drengten; riß ein Stück von einer Granate welche dicht neben mir plazte, den rechten hinter Fuß meines Pferdes weg und ich mußte das Regiment hier wieder verlassen. Der Fuß hing noch etwas am fleische fest, ich verband ihn, wobei mir ein Russe den Mantel stahl, ich führte ihn hinkend auf drey füße, weil ich das gute Sattel und Zaumzeug nicht weg werfen wollte, bis zum Regiment, wo ich den andern Tag anlangte, da ich ihm aus gekleidet hatte, schoß ihm der

1 Beiern, Ortsteil von Niederhain, ca. 25 km südlich von Altenburg
2 ca. 20 km südwestlich von Leipzig
3 frz.: quarré, Karree, milit. Formation
4 Bautzen

Unteroffizier Krauß todt, ich selber wolte es nicht thun, weil es ein solches braves Pferd gewesen war, und er mir jammerte: Ich bekahm hier das Pferd vom Massen, weil er wegen Fiber zur Bagage ging, er hatte es aber den letzten Tag noch so steif gefüttert! das ich es kaum von der Stelle bringen konnte, und mußte dieserhalb nach den Überfall bei Heinau[1] zwei Tage bei die Wagens. Das Pfingstfest standen wir in der Gegend von Schweinitz neben den Zotenberg,[2] ich bin auch auf selbigen gewesen kann aber hiervon nicht erhebliches sagen. Hier schloß der Preusse und Russe mit den Franzosen einen zwey Monatlichen Waffenstillstand. Wir kantinierten zwischen Strehlen[3] und Münsterberg.[4] In Deutsch Gäckel[5] ward meine Wunde nachdem sie einige mal wieder aufbrach völlig geheilt: Mein erstes Quartier mußte ich hier wegen einverständniß mit drei Mädchen und um die Abgunst der Frau hierüber verlassen, ich kahm von dort in die Mühle, die eine Strecke vom Dorfe ablag, auf den Steig nach der Mühle lagen stehts so viel Schlangen, das ich mir, um für die Ungeheuer nicht zu erschrecken, einen ganz neuen Weg bahnen mußte. Hier bekahm ich auch wieder ein eignes Pferd, welches vom Königlichen Sächsischen Gestüt bei Dresden mit gebracht war. Ein drey Jahriger dunkelbrauner Wallach, er war noch sehr schwach ich glaubte nie das er die Strabatien mit mir aushalten würde, er hat mir aber nie verlassen und ward nachher das beste Pferd im Regiment: Wier veränderten un-

1 Haynau, heute Chojnów, ca. 75 km westlich von Wrocław
2 Schweidnitz neben den Zobten, heute Świdnica, ca. 50 km südwestlich von Wrocław
3 heute Strzelin, ca. 30 km südlich von Wrocław
4 heute Ziębice, ca. 60 km südlich von Wrocław
5 Deutsch Jägel, heute Jagielno, ca. 60 km südlich von Wrocław

sere Kontanierung von hier nach Krischütz[1] Unsere Feinde griffen unsere Vorposten vor Aufhäbung der Waffenruhe an, und wir bekahmen schnelles Order zum Marsch: Die meisten Leute von unserer Eskadron waren nach Grottkau um ihre Freunde dort zu besuchen, wohin Sie der Wachtmeister nur für sich hatte gehen lassen, da er dies nicht fürchtete, nun wurden Eilboten sogar ein Trompeter hingeschickt, um sie so schnell als möglich zu holen, es war aber doch nicht möglich das alle bis zum Abmarsch antreffen konnten; nach den Ausrücken stand der Wachtmeister da, mit kaum die Hälfte Manschaften; der Rittmeister erinnerte ihm das es Zeit zum Abmarsch sei, frug wo die Leute noch wären und ob er nicht Rangieren wolle, der Wachtmeister stand wie von Blitze getroffen und wußte nicht was er machen und sagen solte, er mußte es doch entlich den Rittmeister sagn, wie es drum stand. Der Rittmeister wie vom Donner gerührt schlug die Hände zusammen und sagte: Aber mein Gott Wachtmeister was ist daß! nach langen verdrüslichen besinnen wurde abmarschiert, die Pferde welche schon völlig mit Gepackt waren, wurden zurück gelassen, damit sie um so schneller nachkommen konnten: Einige kahmen auf Wagen, wo vor sie die Pferde halb Todt gejagt hatte und trafen uns noch werend den Abmarsch, welche in und jenseit des Dorfes welche eine Strecke Weges und so trafen alle nach einander an, wobei sie aber so ausser Order waren daß man nur wenige Worte angfangs von ihr vernehmen konnte, hätte man dies gewust, so hätte sie sich nicht brauchen so zu übereilen, den; wier rückten den andern Tag wieder ein.

1 heute Gryżce, ca. 60 km nordwestlich von Wrocław

Den 8ten August rückten wir aus, Marschierten durch Schlesien, Böhmen, Sachsen und auf Dresden zu, bei der Bataille bey Dresden welche den 25ten und 26ten August war, hatten wir sehr schlechtes Wetter, und so ungünstig uns das Wetter war, so ungünstig war uns das Glück, wier gingen von Dresden zurück und so nach Böhmen, lieferten bei Kulm[1] den 20ten August eine harte und blutige Bataille. Der General Vangdam[2] und viele Feinde wurden gefangen, die übrigen in der größten Unordnung verjagt, so wie Sie uns früher einige mal zur Flucht gejagt hatten! So kahm hier die Reihe weit übler an ihr: Und hier empfand ich zum Ersten mal, wie hoch das Herz eines Siegers schlagt! von jetzt an schien uns das Glück günstiger zu werden, den von vielen Orten, ward uns der Sieg über unsern Feinde verkündigt, wofür wir bei Teplitz[3] untern freien Himmel Gott dankten. Nach der Schlacht biwaugnerten wir sechs und zwanzig Tage in der Gegend bei Teplitz auf eine ebene Plain, welche aber rings herum mit einer hohen Gebürgskette umgeben ist, und deßhalb den Kessel nanten. Hier ging es uns und die Pferde mitunter etwas schlecht; Alles war theuer, für vier Groschen kaum Branntwein, war nur ein ordinärer Schluck. Die Franzose mußten wier sehr weit holen, und konnten zuletzt auch keine mehr bekommen. Werend der Zeit sammelten sich die Franzosen im Gebirge wieder, und neckten uns ofte, um dieses zu verhüten und sie abzuhalten, so wurde noch unser Regiment zu diesen behuf kommandiert, Wir marschierten des Abens durch

1 heute Chlumec, ca. 40 km südlich von Dresden
2 Dominique Joseph René Vandamme, Comte d'Unebourg (1770-1830)
3 heute Teplice, ca. 50 km südlich von Dresden

Graupen,[1] es war schon finster als wir den argen, steilen, felsigten und sehr hohen Weg antraten; Es war hierbei so finster daß wir kaum das Pferd welches man vor sich hatte und mit der Hand langen konnten, sehen konte und eine Laterne war nur bei der Tete. Wier wären auch nie die Nacht beisammen hinaufgekommen wenn nicht ein jeder das vor ihm gehende Pferd am Schweif gefaßt hätte, und dadurch alle wie eine Kette zusammen hingen; so erreichten wir endlich die Höhe des Geinerberg. Den andern Tag machten sich die Franzosen etwas draus. Sie marschierten gegen uns an, wurden aber tapfer von unß zurück getrieben, wobei sich besonders unsere leichten Schützen auszeigneten. Die Kugeln so ihre gegner treffen solten, flogen über sie weg und trafen in unsere Glieder, eine solche schlug bey mir ein, mein Nebenmann der danach forschte und behauptete das sie sein Pferd getroffen habe, wovon er auch die Stelle bezeignete. Mein Kammerad Schüle der dies für ungewiß hielt stieg ab und untersuchte mein Pferd, nach langen suchen findet er ein Loch in meinen Mantelsack, fast herein und findet die Kugel worauf er meinen Neben Man Nauteman erwiederte: Du Du! wilst immer gerne Perfect sein! und sagst die Kugel hat deinen Pferd getroffen ja der Hund hat dier was G.———: hier hab ich sie, sie ist in unsern Gritzbeutel welcher mein Bruder Pickert im Mantelsack hat: Die Hundsfötter sollen uns aber nicht die Grütze verderben, wir wollen sie doch Essen, nicht wahr Bruder Pickert! laß sie nur scheißen! das Loch stuzten wir wieder zu und assen die Grütze doch.

1 heute Krupka, ca. 5 km nördlich von Teplice

Zur Erholung kamen wier von hier zwölf Tage in Kontanierungs-Quartier in Witeses.[1] Von dort marschierten wir in der Gegend von Leipzig, die Schlacht began wo für Deutschlands befreihung gekämpft wurde den 15ten 16ten
1813 17ten und 18ten October. Den 15ten hatten wir starkes Kavallerie Gefecht, den 16ten ruhe, den 17ten standen wir so nahe und hart gegen einander, das sogar unsere Standhaftigkeit unsere Feinde in Erstaunen setzte. Den 18ten kahmen meherer Truppen heran und nun ging es hart auf den Feinde loß, wir trieben sie bis hart an Leipzig. Des Nachmittags war es ein Kanonen-Donner und ein Getöse der Kämpfenden das die Erde bebte. Uns drohe keine Gefahr, weil wir die vorhergehenden Tage schon stark gelitten hatten, den 19ten früh marschierten unsere Feinde in Eile ab. Der General Fürst Blücher[2] und ein Pulk Kosakken war ihr stehts in die Flangur[3] und bezeigneten die Straße bis am Rhein mit Todte und verwundete Körper, zerbrochnes Geschütz und umgeworfnen Wagens freuten ofte unser Marsch und mehrer wurden hierbei gefangen genommen. Den 19ten war Ruhe. Den ander Tag marschierten wir die Straße nach Pegau,[4] ich ward mit zum Fouragieren[5] Commandiert; Da wir mit dem Futter zum Regiment wolten u mußten, so war es uns doch nicht möglich selbiges zu erfragen um anzutreffen, wir mußten bei alle unsern Bemühung in Pegau übernachten. Den Plaz den wir uns angfangs gewählt hatten, verließen meine Kammeraden und zogen mit ihren Pferden grad über an eine Kirche, mein Kammerad Schüle rief mir, ich

1 Witoses, heute Bitozeves, ca .70 km nordwestlich von Prag
2 Gebhard Leberecht Fürst von Blücher (1742-1819)
3 frz.: flanquer, von der Seite angreifen
4 ca. 25 km südwestlich von Leipzig
5 frz.: fourrage, Futter, füttern

war aber so sehr in Schlaf und blieb dort liegen; nach her zog ich ihr nach und band mein Pferd auf den linken flügel an einer Kirchthür, ich legte mir wieder hin und schlief, beim erwachen sehe ich nach meinen Pferde, der Pakken schimmerte mir so weis, ich ging näher und ward mit schrecken gewahr das mein Mantelsack von Pferde gestohlen war, diese Empfindung last sich denken den alle mein Hab und Gut war fort, alle mein gute Zeug welches ich noch zu einen längern Ausdauer aufbewahrt hatte, und noch mehr. Vier Packet Ungarischen Blätter Taback war auch mit fort, und der Mangel an Taback war das schlimste bei uns: Ich klage es meine alten Schülen, und sagte ihm er hatte mir doch können gleich mit herüber nehmen, so sei vieleicht der Mantelsack nicht gestohlen, Was! er wiederte er, ich soll am Ende noch schuld haben, hab ich dir nicht gerufen! worauf du mir antwortest! laß mir nur! ich bin noch so müde: Geh du! wo du wilst, wen ich Schuld haben soll und komm nicht wieder zu mir: Er machte mir noch obendrein schlecht und entsagte zugleich unsere Freundschaft. Um Mitternacht dachte ich: es kann doch weiter nicht helfen, der Hunger mahnte um die Bedürftnisse, ich setzte einen dichtigen Topf mit Fleisch beim Feuer und kochte ein schönes Ertoffel gericht, weil ichs vertig hatte, gab ich noch davon in eine Schüssel u. setzte den Topf mit das übrige darneben und rief: Schüle! Hm! Schüle! Nun was wilst Du! – komm und bringe deinen Löffel mit: So böse er auch auf mir war so führte ihm doch der Hunger zu mir, sein Gefäß hatte ich ihm schon zurecht gemacht, er setzte sich: Wir assen die erste Schüssel voll aus ohne ein Word dabei zu sprechen ich gab die zweite auf, und da wir die aushatten, bewundert er das so schöne Essen, er verwies mir wegen meiner Hitze gegen ihm, wegen den gestohlene Mantelsack und versprach mir so viel als möglich für mir zu sorgen, welches er auch that. Diese Nacht wurden einige Pferde mit sämtlichen Gepäck und noch meherer Mantelsäcke gestohlen. Wir marschierten bis neben Frankfort[1] und von dort wider retur. Auf diesen Marsch bekahm ich viele nagende Geschöpfe an meinen Körper, in Eichelsdorf[2] ward ich hier von frey, wofür ich jetzt noch die Frau wo ich dort in Quartier lag nicht genug danken kann, es war eine kreuzbrafe Frau und gab sich sehr viele mühe um mir; was manche Frau nicht thun würde; sie hatte aber Menschen liebe und ich war in Noth, den ich hatte des Nachts keine Ruhe mehr.

In Ober-Grenzenbach[3] bei Ziegenheim[4] standen wir ein und vierzig Tage, ich hatte hier ein gutes Quartier. Der Schulze ein Liebhaber von schönen Pferden, hatte ausserordentliches Gefallen an meinen Braunen, er besuchte ihm des Tages oft, und ich erhielt so viel futter wie er nur fressen wolte.

1814 Den 5ten Januar marschierten wir von hier ab: bei Koblenz wurden wir über den Rhein gesetzt, der Rhein ging sehr voll Grundeiß und mußten einige Tage auf der Ueberfart warten und kamen dennoch gefährlich herüber.

Den 23ten Januar traten wir die Belagerung von die Festung Thionville[5] an, wir hatten die Besatzung aber stehts zu fürchten, weil wir gegen sie zu schwach waren, den unser Regiment stand nur bloß allein zur Belagerung davor, den 6. Februar lößte uns ein Hessisches Corps ab, und wir gin-

1 Frankfurt/Main
2 ca. 60 km nordöstlich von Frankfurt
3 Obergrenzebach
4 Ziegenhain, ca. 35 km nordöstlich von Marburg
5 zwischen Luxemburg und Metz

gen zur großen Armee. Wier waren hierbei aber nicht lange, so nahm uns Fürst Blücher mit, wohin er mit uns wolte, weis ich nicht, ich glaube aber woll nach Paris! Ehe wir es uns aber versahen, so schlugen uns die Franzosen das wir reis aus! nehmen mußten. Den andern Tag hies es, daß ein feindlicher General mit neuen Armee in anmarsch sei um uns in unseren rechten Flangur anzugreifen. Der Lieutenant Debel wurde mit zwölf Mann kommandiert dies zu untersuchen, ich ging mit, wir ritten vorwärts, und kamen bald mit der feindlichen Armee in gleicher Höhe, wir kamen in ein Dorf, wo sehr viel frisch gebackenes Brod und mehrere Lebensmittel waren, es schien hier der Einrichtung nach, für meherer gesorgt zu sein; und nach unsere Meinung, wolten wir bei unsere zurückkunft hiervon vieles mit zum Regiment nehmen: Ich machte den Lieutenant aufmerksam, wie unsere Leute zurück und der feind vorwerts ginge, er sagte, das hörte sich nun so an, wir ritten vorwertz, so! das wir den Feind vier bis fünf Stunden im Rücken waren: Wir hatten unsern Auftrag aus geführt und traten unsern rück Weg an, da wir an das Dorf kamen, von wo wir das Brod mit nehmen wolten, so schien mir daß hier nicht ganz richtig zu sein, ich lies halten der Lieut. frug was das solle, ich ersuchte ihm die Avan und Arriergarde[1] einzuziehen, damit wir nicht vereinzelt würden, weil wir durch die Feinde müssen, er verneinte, es waren keine Feinde, ich überführte es aber ihm; so wier im Dorfe kahmen, so stand vor das erste Hauß rechts wo ein Schmidt wohnte, ein Dragoner Pferd angebunden, mehrer feindliche Dragoner schliffen ihre Dägen auf den Hof, wir hatten aber nicht zeit das Pferd mit zu nehmen, Mitten im Dorfe

1 frz.: Avantgarde, Vorhut; Arrieregarde, Nachhut

stand ein Dragoner in eine Pforte und sah uns neugirig ankommen, Peter, der mit uns war, spricht: Soll ich stechen? ja! in dem sticht er auch schon zu, der Kerl spring zurück und schlagt die Thür mit einer schnell Kraft hinter sich zu, und wir ritten in raschen Gallop durchs Dorf: Dieses Dorf war ziemlich groß und sehr stark von feinden belegt, dicht neben den Dorfe rechts war ein großer Biewaq. Geseits des Dorfes kahmen wir an einen breiten und tiefen Graben, wo wir nur mit Gefahr hihnüber springen konnten, unsern fünf Mann waren herrüber; Peter meinte, er wolle sich hier in Graben nicht den Hals brechen, er kenne mal nach den Weg reiten. Der Lieutenant frug, wo sind die Andern? mein Peter war aber mit die siben Mann schon fort, es war hier auch kein langes Säumen; dafür das er uns nicht folgte, ging es die sieben Mann, brechen schlecht, sie mußten durch die feindliche Vorposten und nahe am Lager vorbei, wo sie nur mit der größten Gefahr durch gekommen sind. Wir trafen auf unsern Vorposten, die zeigten uns nach unser Lager. Der Major von Löbell war sehr unzufrieden das der Lieutenant Debell seinen Trupp nicht beisammen gehalten; nach drey Stunden meldet sich auch Peter mit die andern Manschaften, und erzählte seine Gefahr, wir waren froh das sie beisammen wieder Da waren. Wier zogen uns zurück bis in die Gegend zwischen Reims und Laon wo wir uns fortwärend mit den feind herum schlugen.

Mitte des Merz drükten wir die Feinde auf eine Ebene-Plain, unser Geschütz und unsere Truppen standen hinter eine Anhöhe, wo ihr die Feinde nicht eher gewahr wurden, bis sie ein Tägtig Kartäschen[1] und Bataillen Feuer begrüßte, sie setzten sich Angsfangs stark zur währe, unsere

1 Kartätsche, ital.: cartaccia, Artilleriegeschoß

Invanterie lief aber wie wüthend auf die Feinde ein, schossen, stachen und schlugen mit die Kolben fürchterlich auf sie ein, das sie bald die flucht in der größten Unordnung nahmen. Sie wurden von unsern Truppen die ganze Nacht hindurch verfolgt, und um Mitternacht hörte man noch das Hurra beim Räumen, mehrer feindliche Kanonen und Wagens hatten wegen der Finsterniß umgeworfen, und gebrochen stehen gelassen: Es ging nun unaufhaldsam nach Paris, wo sich die Feinde zu einer starken Gegenwehr versammelt hatten; die Pariser Burger welche man gesagt hatte, wier seien nur ein Rumf-Corbs, kamen auf die Anhöhen von Paris um das Schauspiel mit anzusehen, wie sich ihre Leute mit den Streifung lustig machen würden. Da sie aber eine zahlreiche und gut geornedente Armee sahen, schlugen sie ihre Hände über den Kopf zusammen und bathen um Gnade. Den 21ten May wurde Paris von den Alliierten Truppen besetzt, Die feindliche Truppen zur Ruhe verwiesen und Napoleon Kaiser der Franzosen wurde nach der Insel Elba gebracht und von den Engländer bewacht. Drey Stunde jenseits Paris standen wir sieben Tage; Das ganze Regiment erhielt dort Complet gelbe Kürasse,[1] von Dort marschierten wir wieder zurück, durch Varsallis[2] und auch einen kleinen Städchen, hier habe ich die Billete in der Hand und will den Wachtmeister Marthini sein Quartier bezeignen, so fast er mir; wen Sie die Eskadron Einquartiert haben so kommen sie zu mir, ich habe ihnen aus meinen Schreiben welches ich eben von meinen Eltern aus Neu-Haldensleben erhalten habe, sehr Dies Nothwendiges zu sagen, mir überfiel eine Ängstlichkeit das ich kaum mit

1 frz.: cuirasse, Küraß, Brustharnisch, Lederpanzer
2 Versailles

gehöriger Fassung mein obliegendes Geschäft endete, ich ging nachdem zu ihm um seine Kunde zu erfahren: Hören sie lieber Pickert redete er mir an, Meine Eltern haben mir in dies Schreiben gebäthen ihnen zu sagen: Ihr Stief Vater hat sich in Magdeburg beim Umgang mit den Russen, die dort herschende Ansteckende und sehr gefährliche Krankheit zu gezogen und ist daran gestorben, Ihre Mutter soll von der Anstrengung bei seiner Krankheit sehr schlecht krank oder auch Todt sein, welches sie mir aber nicht so ganz deutlich geschrieben haben. Vor Schreck habe ich nicht alle seine Worte verstanden, ich ging betrübt nach meinen Quartier, setzte mir ganz ungestöhrt allein und dachte: O Schicksal! wilst du mir die Freude nicht gönnen! nach so vielen Beschwärden, wo mir Gefahr und Todt drohte, wieder in die Arme meiner Mutter zurück kehren zu können! Nein! Ohne Schwester ohne Brüder und ohne Eltern gehe ich in mein Vaterland zurück: Die! die ich in Kummer weinend verlassen habe: Die! die stehts Sorge für mich trug, und sähnliches Verlangen hatte mir wieder zu sehn, ist im Schoß der Erde: keinen habe ich zu erwarthen der mir entgegen kommt und mir Freundschaftlich die Hand zum Willkommen reicht: keinen wo ich Unterstützung und Trost erwarten kann; still flossen meine Tränen, und da es die Vorsehung so über mir verhängt hat, so will ich auch alles gern mit Gedult ertragen, Meine Handlung mag mir Freunde schenken, und Gott sei mein Beistand.

Wir marschierten zurück, in Amiens kahm ich beim General Ziethen[1] zur Ordonanz. Lui XVIII. König von Frankreich[2] kahm werend der Zeit hierdurch und ward von den

1 Hans Ernst Karl Graf von Zieten (1770-1848)
2 Ludwig XVIII., König von Frankreich (1755-1824)

Einwohnern sehr hoch und feierlich aufgenommen, übernachtete hier und mußte den andern Tag weiter. Den 14ten May wurde das Quartir von hier nach Mons verlegt, den 30ten ward ich abgelößt und kam zur Eskadron in Böllöl,[1] wo ein sehr schönes Schloß und Garten ist. Den 23ten Juny von Böllöl nach Gent: Hier hatten die Leute (besonders mein Wirth) nur sehr schlechtes Nachtlager. Unterbett und Kopfkissen bestanden aus Säcken mit Spelz Knoten angefüllt zum zu decken eine schlechte wollene Dekke das Zeug was sie sich auszogen mußte dan noch die Stelle (besonders in Winter) des Deckbetts vertreten: So wie sie des Morgens aus den Neste heraus krochen! so stiegen sie auch des Abens, ohne dem, das es umgerührt und gemacht wurde, wieder hinein, nach unserer Ordnung war es auch gar nicht ungewand, daß es auf geschüttelt wurde, den wier brauchten dann beim zu bette gehn eine gute halbe Stunde zeit um die Lage des Körpers wieder in den Spelzsack zu formen, um sein unangenehmes Drücken zu verhüten. Maria Joseph ein achtzehn Jähriges gesundes, starkes und schönes Mädchen in meinen Quartier, nahm ich ofte in meinen Schutz, um von ihre Eltern wegen unser Einverständniß keine Beleidigung zu finden, wir verstanden uns ohne gegenseitige Sprache mächtig, jeden Wink und schieden schwähr von ein ander, den das Schicksal trennte uns, weil wir unsere Kontanierung von hier in die Gegend von Huy[2] verlegten.

Wir bezogen bei Huy wechselweise unsere Quartire, lebten hier sehr vergnügt und in besten einverständniß mit das Weibliche Gesellschaft, den, wen meine Wirthin ihre Kin-

1 Belœil, ca. 100 km südwestlich von Brüssel
2 zwischen Liège und Namur

der zu bette gebracht hatte und ihr Mann von der Tages-Arbeit müde, sich in der Oberetage ins bett begeben hatte, so wurde unten Schokolade getrunken und dabei Rußchs[1] getanzt, und so erinnerte uns oft die Mitternachts-Stunde, daß es zeit zum schlafen gehen sei. Wier hatten hier wenig Arbeit und da uns unsere Lebensnahrung nach unsern Marsch gereicht wurde, so kahm es, daß die Wollust unsere Schranken erweiterte: Die Venus warf ihr Netz unter uns aus, wo von nur wenige verschont und ungefangen blieben, ich selber fluchte ihre Schlinge da ich mir in ihr verwickelt sah und mußte nachher entbehren was mir lieb war und gut schmeckte. Wier erhielten auch hier die Denkmüntzen von 1813-1814.

1815 Den 21ten Januar marschierten wier hier ab, gingen bei Disseldorf[2] über den Rhein, der Übergang war aber sehr gefährlich. Das Grundeiß hatte sich den Vormittag erst zusammen geschoben, des Nachmittags gingen wir über selbiges über und gleich nach unsere Uebergang vertheilte es sich wieder in die Fluth, viele Leute die kurz vor und nach uns herrüber wolten, riß die Fluth mit den Stück Eiß worauf sie sich befanden in ihren Schlund, und trennte sie von den Lebenden. Unserer Marsch ging unaufhaltsam und ohne beschwärden bis nach unsere alte Garnison Nauen wo wir den 25ten Februar einrückten, wier verblieben auf Feldetat, es dauerte auch nicht lange so machte sich Napoleon aus seiner Gefangenschaft frey, kahm wieder nach Paris; Lui mußte flüchten, und Napoleon bekahm viele Anhänger, rüste eine Armee, um seine Beleidigung zu rechen: Unse Truppen wo von sehr viele im inner unsers

1 Russisch getanzt
2 Düsseldorf

Landes waren, bekahmen schnelles Order zum Marsch. Wier Marschierten den 22ten April von hier nach Horn in der Gegend von Paterborn[1] ich kahm von hier mit drey Mann nach Preußsch Münden[2] auf brief-Kommando. Napoleon wollte sich jetzt die Gelegenheit benutzen, weil die Verbündeten Mächte ihre Truppen noch nicht besammen hatten, den, da man dieses gar nicht erwartete, das er so bald wieder Frey und zu einen neuen Feldzuge anrükken würde. Er überfiel unsere Truppen und glaubte uns in der Ueberraschung zu schlagen und zu vertreiben, es war auch wirklich die ersten Tage für uns Gefahr voll. Eine Englische Armee und viele Truppen von uns kamen aber die schon weichenden zu hülfe, unser Feind ward von vorne und von der Seiten angegriffen und mit einen so kraftvollen Schlag bei Belle Alliance[3] geschlagen, das er keinen weitern Versuch gegen uns unter nehmen konnte. Lui XVIII. wurde wieder in seine Rechte gesetzt und Kaiser Napoleon auf die Insel St. Helena gebracht, wo er auch nach einigen Jahren starb. Das Regiment marschierte, ich ward so gleich beordert das Regiment zu folgen, traf den neunten Tag wo es Ruhe hatte hierbei an, Marschiert den ander Tag wieder mit und so mußte ich mit meinen Kommando zwölf Tage hinter einnander fort Marschieren, bis nach Neuwitt[4] wo wir acht Tage Ruhe hatten. Den 25ten July marschierten wir von hier ab, lebten den andern Tag in Bonn recht lustig und in freuden, und gingen bei Düren über den Rhein.[5]

1 Horn, ca. 35 km südwestlich von Paderborn
2 Minden, ca. 65 km nördlich von Paderborn
3 Waterloo
4 Neuwied, am Rhein, 10 km nordwestlich von Koblenz
5 richtig: über die Rur

Bei Beaumont[1] ward ich Kommandiert die Bagage der Eskadron zu führen, es ging hier bei angfänglich recht gut, daß nicht mit unter kleine Unangenehmlichkeiten vorfielen, last sich denken, besonder bei eine Bagage die Täglich auf schlechten Bauer Karren, sehr oft mit schlechten Pferden, Ochsen auch woll gahr Kühe bespant, in Tiefen, drekkigten Weg und über sehr hohe, felsigte Berge fortgeschaft werden mußte. Auch mit den Unteroffizier, führer der Ostpreußischen Bagage, hatte ich eines Tages Streit, welches zu meinen Lobe, den Ostpreußen aber zum Nachtheil ausfiel, er ward bestraft und durfte nie wieder das Kommando der Bagage übernehmen; der ihm Ablößte erbat sich bei mir, meine Beleidigung von seinen unbesonnene Kammerad Ihm doch nicht fühlen zu lassen; Wir wurden die besten Freunde und halfen uns beiderseitig wen einer von uns Unglück hatte. Hatte ich des Morgens ja verdrüßlichkeiten wegen die Bauern oder beim Aufladen, so suchten wir die Frauens die mit auf die Wagen fuhren, durch ein gut Frühstück und einen guten Wein im Schertzhaften Reden wieder auf guter Laune und zum lächeln zu bringen: So kahm auch Schmidt und Terbart zu mir und frugen: Warum bist du verdrüßlich? daß must du nicht sein; kom her sagte Terbart, ich habe schon Lose gemacht! Worum wollen wir erst spielen? um die Windmühle dort? um das Dorf? oder um die Frauens auf unsern Wagens? Ja um die Frauen! Doch nur erst um eine! den einer zu viel Frauensleute zuviel – ! das weist du ja! Nun zieh wer das längste Looß zieht bekömt die Frau S: Ha! ha, ha, richtig ich hab Sie, nun geschwind um die andre, wollen sehen wer die bekommt: Auf diese Art vertrieben wir uns manchen Tag die Zeit. Mein Pferd war so mu-

1 Beaumont sur Oise, ca. 20 km nördlich von Paris

thig unter mir, weil es immer so viel fressen konnte, so viel es nur wollte, den einige Sack Hafer, und Brodt war stehts im Vorrath, kein Gepäck trug er nie, jung, kräftig und von echter Race war er, und so war ihm meine Schwäre und der Tagesmarsch nur immer ein Spiel.

Mitte September kamen wir nach Vitre, eine Stadt in Britanine,[1] nach vierzehntäger Kontenierung gingen wir retur nach Vivers[2] hier sah ich zum ersten mal das große Meer welches mir angsfangs in erstaunen setzte und mir an seine wunderbare Enthältnisse und Eigenschaften nicht satt sehen konnte. In Rouen waren die Bürger euserst wiederspenstig, besonders gegen den General Kleist,[3] den sie gar nicht einlassen wollten, eine schwäre Kontribution ward ihnen wegen der Wiedersetzlichkeit aufgelegt.

Den 4te November traten wir unser Rückzug nach unsere Heimath an, in Corbie[4] standen wir noch siebenzehn Tage, gingen den 22ten December bei Köln über den Rhein, in Barben[5] bei Elberfeldeı wurde das Weinachtsfest gefeiert. Den 28ten Dec. marschierte ich hier gutes Muthes ab, erkundigte mir in Tappen Ort wo das Regiment und die Eskadron hin käme, nach allen meinen vielen Kundschaften konnte ich es nicht erfragen, und stand da! wie verlassen: Auf den Rathhauß im gegenwarth eines Offiziers, wurde mir gesagt in welcher Gegend das Regiment zu stehen komme, und solte nur nach eine kleine Stadt (des-

1 Vitre, ca. 40 km östlich von Rennes in der Bretagne
2 Villers, am Ärmelkanal ca. 40 km östlich von Caen
3 Friedrich Emil Ferdinand Heinrich Graf Kleist von Nollendorf (1762-1832)
4 ca. 15 km östlich von Amiens
5 Barmen

sen Namen ich vergessen habe) hin marschieren, wo sie nicht Da! doch gewiß ohnweit Quartier erhielten, ich kam des Mittags hier an, man zeigte mir nach den Dorfe Albringshofen[1] zwey Stunde von Förde,[2] ich fahr wieder loß. ich war ohngefehr drey viertel Stunde von meinen Quartier, so kahm ich an einen hohen und steilen Hang, wo ich hinauf mußte, den Weg den wir hinauf mußten, war sehr tief ausgefahren so daß die kleinen Räder an den Wagens gar nicht zum tragen kommen konnten, und die Axst das Schleifen nicht hunder Schritt aushielt, wo sie von Felsen und Eißklumpen zerbrochen ward, zwei Wagen mit hohe Räder waren wider zu breit und zum fahren im Wege gänzlich untaugbar, neben den Wege auf den Eiße hatte man jeden Augenblick zu fürchten, von die höhe hinab geschleudert zu werden, und aus der Tiefe zerschmettert nie wieder an Tages Licht kommen konte. Es war also kein anderer Rath, ich ritt oben nach das nächste Dorf, holte einige Karren und Pferde, die in dortigen Weg fahren konten, mehrer Leute zum tragen, und schafte so die ganze Sachen einzeln herrauf, es ward hierbei so finster, daß ich fürchtete unsere Sachen mögten liegen bleiben, ich kriegte aber alles so weit glücklich herrauf, bis auf einen Sack der einen Gefreiten hörte, und wo meistentheils requirierte Sachen drin waren, es war eine krägelei[3] in finstern mit alle die Sachen wo mir noch heute vor graut, gegen elf Uhr kahm ich naß in meinen Quartier an. Den andere Tag ging es durch Hagen nach Holtzen,[4] die Eskadron marschierte vor mir vorbei

1 Albringhausen, ca. 20 km südwestlich von Dortmund
2 Voerde, ca. 10 km südöstlich von Albringhausen
3 von krägel, unternehmungslustig (BBW, Bd. 2, Sp. 1149)
4 Holzen, ca. 15 km nordöstlich von Hagen

und ich fuhr nach, ich kahm auch glücklich nach das Dorf wo die Eskadron lag, aber wo finde ich nun den Quartiermeister! wo ich abladen muß; das Dorf war sehr weitläuftig, jeder Bauer fast eine viertel auch eine halbe Stunde aus einander, und so hatte mancher Bauer zu den Andern eine Stunde zu gehen, ich frug beim ersten Bauern! dieser wies mir zum Schulzen, wo aber nur der Wachtmeister im Quartier lag, dieser konte mir nicht sagen wo der Quartiermeister lag; der Schultze ward gerufen, der gab mir einen Bothen mit, der mir zum Quartiermeister führen solte, welcher noch drei viertel Stunde von hier ab war, ich fahre gutes Muths ab und glaubte keine schwierigkeiten mehr zu haben, weil ich doch schon im Dorfe war. Ich kahm in einen Weg der ganz tief voll Wasser und Eiß war, das Eiß hielt nicht, die Pferde traten durch, wolten im Eiß nicht weiter! sprangen von der Seite! fielen hin! verwikkelten sich ins Geschir, rissen alles entzwei, wir suchten es wider in Ordnung zu bringen! suchten neben den Weg bestes fortkommen, hier ging es bis über die Axe im Dreck, einige tiefe Graben hinderte unseres fortkommen, es ward düster und eine Finsterniß daß man die Hand nicht vor Augen sehen konnte, wir kamen auf eine Wiese, hier ging es angfangs recht gut, ehe ich mir aber versah, so schrie der Fuhrman von vordersten Wagen, ich ritt hin und wurde gewahr, daß er in einen Morastigen Graben liegt, ich suchte einen Weg oder einen Ort zum Durchfahren aber leider suchte ich vergebens, der Graben war nicht zu umfahren und eingal Morastig; ich lies sechszehn Pferde durch führen, man hatte zu thun die Pferde durch zu bringen, zwanzig Pferde wurden vor einen Wagen gespant, die Stränge rissen und der Wagen blieb stehen, ich ging halb mit Gewald auf die Fuhrleute, daß sie die Wagen herrüber schaffen sollen, sie kriegten alles wieder zusammen. Die Pferde wurden angetrieben einige Leute hoben am Wagen wobei welche bis unter die Arme in Dreck fielen; und es half nichts der Wagen blieb stehen: Zwei Wagen hatten es dar neben versucht und fuhren auch vor uns ins Dorf hinein, alles war entzwei gerissen, die Leute wurden die Sache überdrüssig, und Murten, einige ritten mit den Pferden davon und wolten mir im Stich lassen, ich ward es aber noch gewahr, und holte sie wieder zurück: Stehe bei mir im Gehöft, ich gehe zu den Mann und bitte ihm um eine Laterne weil ich sonst bei der Finsterniß im Dreck stecken bleiben müste: er sagte: Er habe nur eine Laterne und könne die nicht weg geben, weil er einen Rittmeister im Quartier habe und er sie nothwendig gebrauche, ich bat ihm nochmals in allen guten, er war aber unerbittlich, ich ward hitzig und nahm den Mann recht ordenlich bei der Anbition. Der Rittmeister von Bülow[1] hatte in seiner Stube an der Thüre alles mit an gehört, was ich im Hauße gesprochen hatte, er kahm herraus und sagte: Sie sind heute sehr hitzig! wo sind den die Wagens: Ich bin nicht hitzig Herr Rittmeister aber nur gekränkt das dieser Bauer mir die Menschenliebe und seiner Hülfe versagt: Meine Wagen stecken hier drausen in einen Graben und wo ich schwährlich ohne Hülfe wieder heraus komme. Er bedauerte mir, hies mir ruhig bleiben dan würde es woll gehen. Ich ging und der Bauer kahm auch gleich nach, mit der Laternen. Mit aller Mühe und nach großer Anstrengung kahm ich mit die Wagen durch. Solchen Arger wie ich hierbei hatte ist unbeschreiblich, aber noch mehr meine Hitze diese war im Höchsten grade überstiegen, den ich sties Wörter heraus die ich nicht nennen mag, und ich glaube

1 vielleicht: Friedrich von Bülow, gest. 1831 in Rathenow

das man vieles in der Hitze thut ohne es zu wissen, aber unbegreiflich ist es mir dennoch, daß ich mir so vergessen konnte, mit schauder kann ich nur daran zurück denken, und bitte Gott das er es mir vergeben mag. Wir kamen auf einen Weg wo fiel Eiß war, ich stieg ab, und nahm mir vor, nicht wider aufzusitzen und wen es noch Meilen weit gehe, ich hielt wort, es kahm wechselweise tiefen Dreck und löcher, ich trat ofte auf meinen langen Mantel oder das Pferd trat mir in die Hacken das ich bis über die Ohren in Dreck fiel, die Bauer sprangen zu und wolten mir aufheben ich schlug wüthend um mich herum, schimpfte und drohete die Bauern, die mir anfaßten, die Leute getrauten sich hernach nicht mehr, mir wieder auf zu helfen, weil ich noch fürchterlich tobte, so fürchteten sie mir, ich kahm späth im Quartier, der Wachtmeister und Quartiermeister redeten mir schertzhaft an, ich verstand den Abend aber kein spasen, den meine Hitze und bosheit war noch zu groß und jeder entfernte sich von mir. Den andern Tag war ich nicht mehr der, den ich den vorhergehenden gewesen wahr, furchtsam bat ich die um verzeihung die ich beleidigt hatte; Niedergeschlagen dachte ich an das Vergangene und fürchtete Gott mit festen Vorsatz mich nicht wieder so zu ver gehen.

Da ich schon früher ofte gebeten hatte um abgelößt zu werden, welches mir auch der Wachtmeister versprochen hatte, so bald wie wier aus den Französischen wären, so ward ich hier den folgenden Tag von der Bagage abgelößt, ich packte mein Pferd und ritt in der Eskadron bis nach Schoenebeck[1] wo wier den 1ten Juny einrückten, wir wurden hier sehr gut aufgenommen, auch von den Bürgern ziemlich gut bewirth.

1 15 km südlich von Magdeburg

Nach der Revue bei Magdeburg ging ich nach Neu=Haldensleben um den Umstand und das Absterben meiner Eltern zu erfahren und wo der Nachlaß geblieben sei. Ich fand bei Julianen gute aufnahme, und sie war sehr erfreut, mir nach verlauf längere Zeit wieder zu sehn, ungern ließ sie mier von sich, um meine Freunde zu besuchen, und sagte des Abend wenn sie mir in ihre Arme schloß: Wo bleibst du so lange? Einen Abend war ich bei Julianen bruder wo Sie und ihr Schwager zugegen waren, ich forschte nach meine Eltern und sie erzählten mir: Meine Mutter habe den Stiefvater auf einen Wagen krank von Magdeburg hierhier gebracht und sei in kurtzer Zeit gestorben, Er habe sich bei seiner Krankheit gar nicht können helfen und wenden, die Mutter habe ihn aus den Bette! so auch hinein heben müssen, und sei ofte von der Anstrengung, Entkräftet niedergesunken: Er starb, sie ließ ihm nach ihren Kräften gut und anständig begraben: Von der großen Anstrengung über ihre Kräfte, legte Sie sich auch gleich nach seiner Beerdigung krank ins Bette, alle Leute die nun wirklich glaubten, daß dies eine ansteckkende Krankheit sei, so habe sie einige Tage ohne alle Hülfe und beistand gelegen, der alte Massias; Vater von Julianen und ein guter freund von meine Mutter, sei der einzige gewesen, der hernach einige mal zu ihr gegangen ist, und etwas gereicht hat; Schmertzhaft muß es sein, wen einer so krank im Bette liegt, kann sich vor gänzliche Entkräftung und Schmertzen nicht bewegen, und sieht sich so ganz allein, ohne irgend eine Menschliche hülfe. Vor acht Tagen drückte sie ihren Mann die Augen zu, reinigte ihm und lies ihn gut beerdigen: Dan fand man auch ihr ohne Leben, aber wer wagte es sich bei ihr hinein zu gehen! und wer weis wan sie gestorben ist! Sie ward beerdigt. Aber wie! ganz schlecht! den keiner wolte ihr anfassen weil er glaubte angesteckt zu werden; der Tischler magte das Sarg sehr schlecht, weil er nur wenig dafür von der Stadt bezahlt bekahm, und so ward sie in dunkler Eile beerdigt: Dan Anbefohlen das hinterlaser Nachlaß verbrannt werden soll.

Nach reifer Ueberlegung fand sich, das Sie ehe durch Schwächlichkeit und von so großer Anstrengung, bei ihr, gestorben sei, als von einer Ansteckenden Krankheit, mit Vorsicht ward daß, was noch da war, aufgenommen, gereinigt und verkauft: Die es früher nicht wagten, eine Kranke Verlassene zu besuchen, hatten sich doch die Dreistigkeit genommen, Uhr, Geld und die besten Sachen zu stehlen, den so wie mir gesagt ist, ist bei ihren Lebenszeiten weit mehr dagewesen als bei der Aufnahme und Verkauf. Ich ging zum Sindikus der die ganze Sache geführt hatte um mir nach den Nachlaß meiner Eltern zu erkundigen, hier erfuhr ich: Wenn ich Erbe sein wollte, so müßte ich erfahren, das die Ausgaben von Begräbniß die Einnahmen von den verkauften Sachen überstiege; ich ging verdrüßlich von Ihm und dachte: Die schlechten Sachen verkauft hier von wenig Geld gelößt! Guten genommen! Ihr schon bei Lebenszeit in Krankheit, elend und Noth verlassen! gekränkt ohne jemandes Tröstung ist Sie gestorben! schlecht begraben! sei Sie dafür bey Gott gut aufgenommen: Mit beklommener Brust, innerlichen Schmertz warf ich mich gekränkt und Sinnloß auf einen Stuhl nieder. Juliane die den mehrsten Antheil daran nahm, redete mir Tröstend zu, und ich faßte mir auch, um meine innern Leiden nicht gegen Jemanden merken zu lassen. Den letzten Tag war ich mit Julianen den ganze Nachmittag im Garten wo wir mehrentheils in der Laube von wichtigen Sachen sprachen, uns aber auch oft schertzhaft unterhielten. den andern Tag nahm ich Abschied mit den Versprechen ihr nächstens zu schreiben, und auch bald wieder zu kommen, ich versprach alles, dies redete aber nur blos mein Mund, der in diesen Augenblick von den Gefühl getrennt war: Mein innerer Vorsatz wahr, den Ort wo es meine Mutter so Uebel ergangen ist: Nie wieder zu beträten. Ich traf beim Abendessen in Groß-Ottersleben[1] wo ich wärend der Revühe im Quartier gelegen hatte an, die Frau wolte mir durchaus die Nacht über da behalten, mein Uhrlaub war um, ich ließ mir von ihr nicht halten und eilte noch nach Schönebeck; unterwegs faßte ich wegen der Dunkelheit einen unrechten Weg, und kahm abgemattet von das herumirren um zehn Uhr in Meinen Quartier an, meine Lenden schmertzten mir Vierzehn Tage von das Springen durch das lange Korn. Der Dienst fiel uns hier in Schoenebeck sehr schwähr, weil wier das freie Campagne leben[2] noch gewohnt waren: Hannchen verscheuchte mir aber des Abens allen Verdruß und Liselle unterhielt mir Vor-Mitternacht.

Von Schönbeck marschierten wir nach Potsdam der Großfürst Nicolas[3] übernahm dort das Regiment, wir Exerzierten dort und rückten nachden in Nauen ein; es schien als wen wir diesen Ort nicht verlassen könnten, die Pferde hatten es hier wegen den vielen Heu gewieß gut, daß es mir hier solte sehr gefallen haben! kann ich aber nicht sagen. Im Monat October verliessen wier Nauen und haben nachher nicht wieder dort im Garnison gestanden.

Wier kamen nach Brandenburg und übten den Dienst nach der strengen Order, nach Ein Jahr sechs Monat und

1 heute der Magdeburger Stadtteil Ottersleben
2 Leben während des Feldzuges
3 Großfürst Nikolaus, später Zar Nikolaus I. von Rußland (1796-1855)

zwanzig Tage wechselten wir unser Garnison auf Königlichen Befehl den 1ten Aprill nach Rathenow. Der Unteroffizier Geuder der das Lazareth und Schule hatte ging diesen Frühjahr ab, ich trat in seiner Stelle übernahm die Lazareth Rechnung wofür ich Monatlich Einen Thaler und für die Schule Einen und Einen halben Thaler erhielt; Es war meinen freien Willen überlassen, für die Kranken bestes zu sorgen, welches ich auch stehts that, und konnte meinen Einkauf ungezwungen, wo ich wolte abhalten, so waren auch solche Verkäufer dankbar gegen mir, weil ich mir besonders zur Pflicht gemacht hatte, jeden Monat (außer den kleinen Häkern[1] welche gleich ausbezahlt wurden) pünktlich zu bezahlen. wofür ich auch meine Monatliche Zins zog. Wegen meine Ordnung (die mir mein Neider lassen muß) hatte ich mir die Freundschaft der Bürger sehr zu gezogen, und konnte bei jeden kommen wen ich wolte, so ward ich gut aufgenommen und mit Ihnen in der besten Freundschaft verknüpft; meine Einnahme war auch nicht so beschränkt, daß ich mir der Dürftigkeit wegen Eingezogen halten mußte, ich besuchte jede Gesellschaft und war besonders ein Mittglied eine der vornehmsten und besten bürgerliche Gesellschaft in Rathenow, die wir uns oft beisammen belustigten. Mehre Abendstunden unterhilt ich mir mit Friedericke R. sie kahm nachher ausserhalb der Stadt in Dienst: Einen morgen bin ich wegen unpäßlichkeit noch im Bette und weis nicht daß Sie in Rathenow bei ihren Eltern zum Besuch ist! Es klopft an, ich rufe Herrein! und wer war es! Friederike war es selbst die zu mir kahm, entkleidet könnte ich doch nicht in ihrer gegenwart aufstehen,

1 Knecht, Arbeitsmann oder auch kleiner Bauer (DWB, Bd. 4, Sp. 183)

ich blieb im Bette liegen, sie unterhielt mir eine lange Zeit schertzhaft und näherte sich hierbei mein Bette wo wir den Spaß noch besser treiben konnten, so froh und guter Laune ich hierbei auch war, so hielt mir doch eine Ängstlichkeit von ihr zu rück; Aber wie froh und heiter war ich, als Friederike nach ihre gut berechnete Zeit einen jungen Sohn in ihren Arm schloß, der mir nicht Vater nennen durfte; Amalie ein junges flüchtiges aber sehr gutes Mädchen ersetzte ihre Rolle.

Beim Ausmarsch nach Berlin erbath sich Unteroffizier R. bei mir, Ihm wieder in sein alt Quartier in Furde[1] zu legen, welches ich als Quartiermacher woll machen könne, ich versprach es ihm auch; nach der Untersuchung ging es aber nicht an; den der Bauer wo er hin wolte, hatte das Jahr den Krug (Wirthshauß) und da R. sich bei einige Trinkgeschaften nicht gut betragen hatte, so fand ich es für gut, ihm bei einen andern Bauern zu legen; er war hier über sehr unzufrieden mit mir, ich hörte aber wenig auf seine Rede: Ich hatte mir auch nicht getäuscht den R. ging nach seinen alten Wirth im Krug um ihn zu besuchen, er trank viel Brantewein, fängt Streit an, hert nicht ehe auf, mit streiten, bis ihm der Schmidt ein paar derbe Ohrfeigen gab; mit Saufen! bis er auf den Boden liegt; Manne und Telichow tragen ihn aus das Wirthshaus und sind in willens ihm vor das Quartier des Offiziers zu legen. thun es aber nicht und tragen ihm nach sein Quartier, werfen ihn auf die Scheune, wo sie schliefen, daß ihm die Rippen woll mogten knarren, den andern Tag konnte er nicht spazieren, klagte sehr und ließ sich krank melden, es wurde auch geglaubt das er

1 als Ort nicht ermittelt

krank sei, und noch oben ein bedauert; Aber was war es vor ein krankheit, die sich kein Ordnungsliebender Mann selbst zu zieht. Wier Manövrierten von Berlin nach Potsdam, der Führer von dritten Zug ward Kommandiert und ich mußte dessen Rolle vertreten: kaum bin ich vor den Zug, so fängt R. auserordentlich an zu schimpfen auf mich. und er war dabei so betrunken, daß es der ganzen Eskadron und Offiziere auffallend war, er blieb unaufhörlich beim schimpfen und Courigierte fort werend die Leute im Zuge. ich klagte es dem Wachtmeister, der schiltelte mir den Kopf und wies mir zum Major, da er mir immer unerträglicher ward, so ritt ich zum Major von Bülow und klagte es ihm, dieser verwies mir wieder auf meinen Posten und sagte: Ich sehe schon was passiert ich werde die Sache nachher schon nachsuchen, den an dern Tag halten wir werend das Manöver auf das Neue Palais, der Major läst uns beide rufen, er hält R. vor, wie er sich gester im Trunk so vergessen habe und mir im Dienst so schimpfen könne R. mit eine Schwerde zum sprechen sagt, er sei nicht so betrunken gewesen, der Major wolte es ihm darthun, er lies ihm aber nicht zum Worten, klagte über mir, daß ich ihm auf den Marsch immer in das schlechteste Quartier gelegt habe, so auch wieder im Furde, der Major sa mir an und frug: Ist das wahr? ich beneinte es, R. lästerte unaufhörlich: Ich sah es den Major an, daß er hier das Recht unterdrücken wolte weil er ihm nur ganz gleichgültig behandelte was ihm wegen sein Vergehen nicht zukahm, ich ergerte mich hierüber und über die Lästerzungen des R. so sehr daß ich nicht vermöge war ein Wort mehr zu sprechen. der Major sagte er wolte des wegen den Quartier untersuchen und gab R. einen unbedeutenden Verweis wegen sein Vergehen: Sollte dies einen Gefühlvollen nicht kränken, wenn man das Wohl für allen nach seinen Kräften, bestens besorgt und dafür mit Undank bezahlt wird! ein Ausschweifender (Tätig mit das Maul aber nicht in der Tath) erhält Schonung und Gehör! Mir belästigten mehre Geschäfte z.b. Auf den Marsch Quartier machen und in Garnison zog ein anderer den Genuß davon, abwechselnt mit dem Quartier meister. Rationen, Portionen, Holz und Lagerstroh empfangen und den Eskadron zu führen, hier ofte auch nicht mit fertig so wurde ich schon wieder zum Parol empfang pp gerufen: Ohne Ausnahme blieb mir dennoch der Dienst mit meinen übrigen Kammeraten gans gleich. Die! die werend meinen Strabatien sich im Lager und bei die Marketender herum trieben! bekahmen Gehör! und ich wurde ohne Gehör ohne Schonung verwiesen: Auch sogar im Garnison schien Undank der Weld Lohn zu sein; bei mehres Vergehen ward jener nur ganz gleichgültig behandelt ein anderer hingegen beim leichten Fehler vor alle Menschen unter allen Credit und ganz ohne Ordnungs Liebe behandelt! Dies war unerträglich: Auch meine Ordnung und die paar Thaler die ich Monatlich von Lazareth und Schulunterricht hatte, machte mir Neider und doch hatten die Neider keine Kentnisse es vorzustehn dagegen mußte ich auch zurückstehn von der Königlichen Zulage die mir als älterer Unteroffizier ehe zu kahm als die Jüngere. Stolz prangten unerfahrene auf ihren Rang und suchten die zu unter drücken, die mit Ordnung und gesammelte Kentnisse ihr obliegendes Geschäft vollführten: Solte ich unter Neider! unter unwissende Tadler mir harter als jene behandlen lassen? durch Verdruß mein Leben verkürtzen? Nein! – ich will lieber das Butterbrod welches mir vor Ärger und Verdruß im Hals stecken bleibt, meiden! Will lieber beim Invaliden Corps ein drockenes Stück brod essen, welches mir vieleicht ungehindert und wohlbesegned in den Magen hinab geleitet, und ohne Verdruß und unnöthige Behandlung mein Schicksal dort erwarten. Ich meldete mir zum Invaliden und ward hierzu anerkant, welches sie mir auch wegen meiner zwanzig Jährigen Dienstzeit nicht absagen konnten.

Um mir zu zerstreuen nahm ich mir vohr ganz zu meinen Vergnügen doch nochmals nach Neu=Haldensleben zu gehen; ich blieb meinen Vetter Pickert in Hillersleben zwei Tage ging von hier nach Neu=Haldensleben bei Julianen ich fand sie einsahm in ihrer Behaußung, ihr Erstaunen war groß als sie mir sah und war sehr bemüht mir bestens zu bewirthen; wier unterhielten uns über mehres, sie klagte mir ihre gehabte Noth werend der Krieges zeit, daß Sie allein als unverheiratetes Mädchen, Mühsahm mit vielen Beschwärden mancher Art habe dulden müssen, ofte wäre es ihr so unerträglich gewesen, daß sie es allein nicht mehr zu ertragen glaubte: gern hätte sie Hülfe und Beistand gehabt aber! die Männer die sich ihrer Hülfe erbothen hätte; die habe sie es versagt, bloß um die Achtung und Liebe gegen mier – und wäre es der Fall! daß ich ihr nicht Heirathete: so sei ihr ernster Vorsatz ihre fernere Lebenslage allein zu verbleiben, von ihr Monatliches Gehalt aus das Französische Hauß, Stuben miethe und sonstigen Einkommen mäßig und still bis an ihr Ende ohne Mann zu leben: So sagte sie mir auch das ihr Bruder und Schwester stehts suchten von ihr zu ziehen, ihre Kinder schickten sie oft um Bedürfnisse von sie zu holen: Den halben Garten habe ihre Schwester; und ihr Bruder habe ihr so lange für ihm zu schmeicheln, bis sie auch die ander Hälfte des Gartens an ihm habe verschreiben lassen. so! das nach ihren Leben der ander halbe Garten an ihren Bruder oder dessen Kinder fällt, dieses war mir auffallend, ich ging bedenklich im Hauße umher: Die Stuben waren sehr schwartz, alles in Unordnung, das Hauß bedurfte Reperaturen, die Ställe und Scheune halb verfallen! der Ganze Garten fiel nach ihrem Leben an Bruder und Schwester! Julianens Jugend-Blüthe und Reitze waren verschwunden! ich beschloß mir schnell, machte mir den kommenden Tag wieder auf den Weg nach Rathenow wo mir eine junge, reitzende, schöne die Hand und Mund zum Willkommen reichte.

Es ist gänzlich außer Ordnung das ein Lazareth nahrungs führer in Garnison zu einen Anderwartigen Behuf Kommandiert wird, aus Chican kommandierte mich der Leut. v. L. (der Wille des Major) zum Rekruten Kommando, wo ich drey und zwanzig Tage mein Geschäft verlassen mußte, es ist nicht zu erwarthen das seit meiner Abwesenheit der Einkauf so vortheilhaft nach den gemachten Preis beschaft werden konnte, als ich es durch Bekantschaft und Mühe bewirkte, die Rechnung hiervon nicht zu verendern, so fand sich, daß ich nicht allein auf den Marsch sondern auch noch in der Garnison zusetzen mußte. Ich war auch nicht wieder in Rathenow retur, so mußte ich schon erfahren daß für mich schon ein anderer Unteroffizier Avanciert war, ich rückte den andern Tag ein, gab meine Sachen ab, bis auf ein paar alte Hosen, Litefsky[1] und Degen, Die Schule und Lazareth behielt ich bis zu meinen Abgange: Meine Tägliche arbeit war einige Stunden die Rekruten zu fuß zu Exerzieren und lebte die Zeit über sonsten ganz ruhig. Im
1824 Monat März übergab ich Lazarethnahrungs=Bücher und

1 Litewka, blusenartiger Soldatenrock (Fremdwörterbuch, Bd. 2, S. 35)

Casse, so wie auch sämtliche Schulgeräthschaften, reichte meine Freunde und Freundinen die Hand zum Abschied und versprach ihr öfters zu besuchen: Marschierte zu Fuß nach Brandenburg wo ich jetzt als Invalide die Zukunft erwarthe.

Abkürzungen

BBW	Brandenburg-Berlinisches Wörterbuch. Sächsische Akademie der Wissenschaft zu Leipzig, Sprachwissenschaftliche Kommission, begründet und angelegt von A. Bretschneider, bearbeitet von G. Ising und J. Wiese. Bd. 1 ff., Berlin/Neumünster 1976 ff.
Berghaus	Heinrich Berghaus: Der Sprachschatz der Sassen. Ein Wörterbuch der Plattdeutschen Sprache. Brandenburg 1880.
dt.	deutsch
DWB	Deutsches Wörterbuch von Jacob Grimm und Wilhelm Grimm. Bd. 1 ff., 1854 ff., Nachdruck München 1999 f.
Fremdwörterbuch	Deutsches Fremdwörterbuch. Begonnen von Hans Schulz, fortgeführt von Otto Basler, weitergeführt im Institut für deutsche Sprache. Bd. 1 f., Straßburg 1913.
frz.	französisch
g.	genannte(r)
ital.	italienisch
Kahnt/Knorr	Alte Maße, Münzen und Gewichte. Ein Lexikon von Helmut Kahnt und Bernd Knorr. Mannheim, Wien, Zürich 1986.
Nds. Wörterbuch	Niedersächsisches Wörterbuch. Hg. v. Wolfgang Jungandreas u. a., Seminar für Deutsche Philologie der Universität Göttingen u. a. Bd. 1 ff., Neumünster 1965 ff.
Paul	Hermann Paul: Deutsches Wörterbuch. Bedeutungsgeschichte und Aufbau unseres Wortschatzes. 10. Aufl. von Helmut Henne, Heidrun Kämper und Georg Objartel. Tübingen 2002.
p.	perge, »und so fort …«, vor Personennamen oder auch nach Titeln
pp.	perge …

Wossidlo-Teuchert Mecklenburgisches Wörterbuch. Hg. v. Richard Wossidlo/Hermann Teuchert. Bd. 1 ff. Neumünster 1942 ff.

Editorischer Bericht

Die hier erstmals veröffentlichte »Lebens-Geschichte des Unterofficier Pickert Invalide bey der 7ten Compagnie« beruht auf einer Handschrift, die vollständig und in Orthographie und Interpunktion diplomatisch getreu im Druck wiedergegeben wird. Die im Original nicht gezählten, beiderseits beschriebenen Blätter, insgesamt 206 Seiten, erscheinen im Druck als fortlaufender Text.

Alle Ver- und Fehlschreibungen, insbesondere im Gebrauch von Fach- und Fremdwörtern, sowie die Interpunktion wurden belassen, (seltene) Wortwiederholungen wurden stillschweigend getilgt. Namen, Orte sowie veraltete Maße und Begriffe sind in Anmerkungen erläutert.

Die Handschrift wurde von einem der Herausgeber im Antiquariatshandel erworben. Über die Provenienz ist nichts bekannt. Es handelt sich um einen leicht bestoßenen, im Deckel mit Buntpapier, sogenanntem »Rieselmarmor«, überzogenen Halblederband. Die Papierqualität des Vorsatzes läßt darauf schließen, daß der Vorsatz und wohl auch der Einband aus der zweiten Hälfte des 19. Jahrhunderts stammen. Diese Teile der Handschrift sind jünger als der Text der Lebensgeschichte, die zwischen 1824 und 1845 entstanden sein muß.

Der Autor hat nicht in einem fertiggebundenen, beim Buchbinder gekauften Band geschrieben, sondern vermutlich auf freien Bögen, die später gefaltet und gebunden worden sind. Der Satzspiegel der Schrift ist – bis auf wenige Ausnahmen – Seite für Seite einheitlich und frei von Verschreibungen, Streichungen und Ergänzungen, so daß es sich um eine Reinschrift nach einer Vorlage handeln muß.

Bestimmte Merkmale der Papierseiten zeigen, daß der Schreiber eine linierte und im Satzspiegel festgelegte Unterlage benutzt haben muß, die das auffallend einheitliche Schreibfeld garantierte.

Die »Lebens-Geschichte des Unterofficier Pickert« weist an zwei Stellen darauf hin, daß es sich um die authentische von Christoph Pickert selbst verfaßte Geschichte seines Lebens bis zum Ende seiner Dienstzeit als preußischer Soldat im sechsten Kürassier-Regiment und vor Beginn seines Übertritts in die siebte Invaliden-Kompanie in Brandenburg 1824 handelt. Zum einen kündigt er in einem fiktiven, seiner Geschichte vorangestellten Gespräch zwischen seiner Mutter, seinem Stiefvater, einem Vetter und ihm an, daß er diese Geschichte »schriftlich« dem »Lieben Herren Vetter« später einmal übergeben wolle. Dieser Mann ist offensichtlich der in der Geschichte oft erwähnte Vetter Gottfried aus Hillersleben bei Magdeburg.

Der zweite Bezug beschreibt unmittelbar Pickerts Schreibsituation: »besonders in den Ort wo ich jetzt meine Feder in die Hand habe [...]« (S.73). Dieser Bezug schließt auch ein soziales Merkmal des Schreibenden als invalider Soldat in Preußen ein. Gemeint ist Pickerts Erfahrung, daß er in Frankreich selbst als preußischer Kriegsgefangener mit einer »Dame« habe tanzen können, was in vergleichbarer Situation in Preußen undenkbar wäre. Dieses Zeugnis lenkt – wie so viele andere in dieser Lebensgeschichte – den Blick auf das soziale Umfeld, zu dem auch der Status der Sprache dieser Lebensgeschichte gehört, von dem im Nachwort die Rede sein wird.

Nachwort

Das Invalidenhaus

Befreit von den »Strabatien« seines Dienstes und von den Ärgernissen mit seinen Oberen, erhoffte sich der preußische Unteroffizier und Kürassier Christoph Pickert, der beim sechsten Brandenburgischen Kürassier-Regiment Kaiser Nikolaus I. stand, im »Landarmen- und Invalidenhaus« zu Brandenburg an der Havel Zeit und Muße zu finden, die Geschichte seines Lebens niederzuschreiben. Der 1787 in Neuhaldensleben geborene und 1845 in Brandenburg gestorbene Johann Christoph Pickert hatte sein Ziel erreicht. Hier in Brandenburg verfaßte er seinen Lebensbericht. 1824 verließ Pickert seinen letzten Standort als aktiver Soldat in Rathenow, um nach Brandenburg zu marschieren. Hier erwartete ihn ein anderes Leben, als er es bisher erfahren hatte. Das Invalidenhaus, das ihn aufnehmen sollte, gehörte zu den drei seit 1791 von König Friedrich Wilhelm II. gegründeten Landarmen- und Invalidenhäusern der Kurmark, die in Brandenburg, Straußberg und Wittstock zusammen jährlich bis zu 400 Invaliden aufnehmen mußten.[1] Der König hatte seit Beginn seiner Regierung durch verschiedene Instruktionen veranlaßt, die Versorgung der als Invaliden verabschiedeten Soldaten, deren Zahl aufgrund der Kämpfe des preußischen Heeres auf fast allen Kriegsschauplätzen Europas ständig zugenommen hatte, nicht

1 E. Schnackenburg: Das Invaliden- und Versorgungswesen des brandenburgisch-preußischen Heeres bis zum Jahre 1806. Neudruck der Ausgabe Berlin 1889. Wiesbaden 1981, S. 127.

Ehemaliges Invalidenhaus (Originaltitel: »Syndikatsgraben«) von Wilhelm Frey, nach Kuchenmüller, um 1849. (Museum im Frey-Haus, Brandenburg an der Havel, Fotografie von Hans-Uwe Salge)

mehr als Gnadensache zu betrachten, sondern als eine staatliche Verpflichtung anzusehen.

Das große Beispiel für den Bau einer nur für die abgedankten preußischen Soldaten geschaffenen Versorgungseinrichtung war das Invalidenhaus nahe der Charité in Berlin. Unter den Königen Friedrich I. und Friedrich Wilhelm I. war der Bau eines Berliner Invalidenhauses über Planungen und die Schaffung einer »Invalidenkasse« nicht hinausgekommen. Erst Friedrich II. setzte diese vorbereitenden Schritte in einem Neubau um. »In einer erstaunlich kurzen Bauzeit von nur zwei Jahren konnte das dreigeschossige, 175 m. lange Gebäude schon im Oktober 1748 fertiggestellt und am 13. November 1748 bezogen werden.«[2] Als weitere Maßnahme der Invalidenfürsorge erwies sich die Schaffung von Invalidenkompanien. Von 1788 bis 1806 wurden in Preußen insgesamt 17 Invalidenkompanien eingerichtet – eine davon in Brandenburg, in die Pickert eintrat –, jede in einer Stärke von 4 Offizieren, 10 Unteroffizieren und 150 »Gemeinen«. Sie alle unterlagen einem strengen Reglement, das schon mit der Uniformierung begann, die aus dunkelblauen Röcken, Westen und Hosen bestand, die mit »carmoisinrothen Aufschlägen mit weißen Knöpfen« verziert waren.[3] Wie im Berliner Haus gewährte der König seinen zerschossenen, kranken und für bürgerliche Arbeit nur noch eingeschränkt verwendbaren ehemaligen Soldaten »volles Traktament, Brot und freies Quartier«.[4] Im Februar 1806, also noch vor den großen Schlachten Preußens in den Napoleonischen Kriegen, befanden sich in den drei kurmärkischen Häusern 380 Invaliden einschließlich ihrer Frauen, die ebenfalls einheitliche blaue Kleidung tragen mußten, und deren Kinder, »die alle mit einem Geldaufwand von 42 bis 58 Thaler per Kopf und Jahr verpflegt wurden.«[5]

In dieser Welt der Krüppel und Lädierten – geordneter Ärmlichkeit – nebst den im Nachbargebäude des Brandenburger Invalidenhauses untergebrachten Armen und aufgegriffenen Bettlern fand sich Pickert in seinem »Invaliden

2 Klaus von Krosigk: Invalidenfriedhof und Denkmalpflege: Wege zur Rettung eines Nationaldenkmals. In: Der Invalidenfriedhof. Rettung eines Nationaldenkmals. Berlin 2003, S. 11.

3 Schnackenburg a.a.O., S. 125.

4 Ebd.

5 Schnackenburg a.a.O., S. 127.

Corps« wieder, um hier sicherlich mehr – aber auch nicht sehr viel mehr – als ein »drockenes Stück brod« zu verzehren, wie er in seiner Lebensgeschichte schreibt.

Das Brandenburger Haus bestand wie alle anderen seit 1791 in Preußen gegründeten Einrichtungen dieser Art aus zwei Gebäuden, eines für die Invaliden und eines für 300 verarmte Bürger aus der Mark. Auf dem Gelände des »alten Saldrischen Schulgartens vor dem Plauer Tor«, an der Grenze zwischen Alt- und Neustadt Brandenburgs, war die Anlage errichtet worden.[6] Als Pickert 1824 kam, war das Armenhaus schon seit 1820 zur Strafanstalt umgewandelt worden, die in seinem Leben noch eine Rolle spielen sollte. Wer heute das Gelände der alten Strafanstalt betritt, sieht sich mit einer Gedenktafel konfrontiert, die an eines der grausamsten Kapitel der deutschen Geschichte erinnert, das sich in jenem Gebäude der Strafanstalt abgespielt hat, das Pickert noch erlebt haben muß. 1940 wurden hier über 9000 Menschen im Rahmen der »Euthanasie-Aktion T4« ermordet.[7]

Im langen Schatten der preußisch-deutschen Geschichte steht auch die Erinnerung an die letzte Phase im Leben des Christoph Pickert in Brandenburg. Das Leben in einer preußischen Invalidenkompanie mit eigener Polizei- und Kirchenordnung war so organisiert, daß die jüngeren und noch arbeitsfähigen Männer zu Arbeiten herangezogen werden konnten, die entweder dem Militärdienst nützten,

6 Otto Tschirch: Geschichte der Chur- und Hauptstadt Brandenburg an der Havel. Bd. II, Brandenburg (Havel) 1928, S. 123.

7 Heike Köhler und Katharina Kreschel: Brandenburg an der Havel in alten Ansichten. Bd. 2, Zaltbommel/Niederlande 2005, Nr. 40.

vornehmlich Wachdienste in den preußischen Festungen, oder im halbmilitärisch-zivilen Feld dem Staat Nutzen brachten. Pickert, der erst siebenunddreißig Jahre zählte, als er in die Invalidenkompanie eintrat und offensichtlich wenig schwer beschädigt war, wurde als Gefangenenwärter am Plauer Tor eingesetzt. Jedenfalls weist ein Eintrag im Kirchenbuch der St.-Gotthardt-Gemeinde in der Altstadt Brandenburgs vom 24. Februar 1836 den mit zehn Monaten verstorbenen Friedrich Rudolph Gottfried Pickert als Sohn des »Gefangenenwärters beim hiesigen Königl. Land- und Stadtgericht Johann Christoph Pickert« aus.[8] Zu diesem Zeitpunkt war Christoph Pickert offensichtlich aus dem preußischen Militär ausgeschieden und Bürger der Stadt geworden. Als er am 13. April 1828 mit der verwitweten Frau Juliana geborene Müller die Ehe in der St.-Pauli-Kirche in Brandenburg einging, gehörte er vermutlich noch der siebten Invalidenkompanie an, denn die St.-Pauli-Kirche war die Garnisonskirche in Brandenburg.[9]

Ausgewiesen als »Bürger« und Bote« des »Königl. Land- und Stadtgerichtes« im Kirchenbuch der St.-Gotthardt-Gemeinde, schied Christoph Pickert am 13. März 1845 aus dem Leben, verstorben am »Schleimfieber«, also wohl an Typhus. Er hinterließ, wie das Kirchenbuch vermerkt, eine Gattin und drei noch unmündige Kinder. Begraben wurde er auf dem Altstädtischen Friedhof in Brandenburg.[10]

8 Depositum Pfarrarchiv St. Gotthardt im Domstiftsarchiv Brandenburg, Sign. BG 2236.

9 Militärkirchenbücher der 7. Invalidenkompagnie 1822-1846, Fiche Nr. 688, Geheimes Staatsarchiv Preußischer Kulturbesitz, Berlin.

10 Wie Anm. 8.

Vom Leben und Sterben des Bürgers und Gerichtsboten Christoph Pickert wäre hier nicht die Rede, hätte er in seinen Brandenburger Jahren nicht etwas Ungewöhnliches getan. Pickert verfaßte seine »Lebens-Geschichte«, die mehr geworden ist als die Summe der von ihm erinnerten Ereignisse. Daß er sich in Ansehung seiner Herkunft, seiner Schulbildung und seiner Lebensumstände, in denen er sicherlich kaum in die Lage geraten war, sich schriftlich zu verständigen, überhaupt entschloß, aufzuschreiben, was sein bisheriges Leben ausmachte, ist eine bemerkenswerte Leistung. Nehmen wir an, der im Editorischen Bericht erwähnte Vetter Gottfried war der Adressat dieser Autobiographie, dann bleibt die Frage, was trieb Pickert an, die Mühe des Schreibens einer Lebensgeschichte auf sich zu nehmen? Sicher ist, daß Pickert keine Ereignisgeschichte schreiben wollte. Obgleich er als aktiver Soldat Zeitzeuge hochaktueller politischer Umwälzungen von historischer Tragweite wurde, interessierte ihn offensichtlich nicht viel von dem, was an politischen und historischen Kausalitäten, die auch für den »einfachen Mann« erkennbar waren, um ihn herum geschah. Daß er die »Kriegs Periode [...] nur ganz kurtz abgefaßt« habe, somit das Zentrum der objektiven Zeitereignisse, bestätigt die Lektüre seiner Geschichte. Daß dennoch beispielsweise die gar nicht so knappe Schilderung seiner Sicht auf die Schicksalsschlacht des untergehenden alten Preußens, die Tage von Jena und Auerstedt 1806, den Leser dieser Lebensgeschichte fesseln, beruht auf einer anderen Qualität des Pickertschen Berichts jenseits der Ereignisgeschichte. Alles, was Pickert als erinnerungswürdig niederschreibt, betrifft in jedem Detail nur ihn, seinen Ausschnitt einer Perspektive, deren gesellschaftliche Bedeutung er nur am Rande wahrnimmt. Dieser Ausschnitt auf tote Menschenkörper, verwundete Pferde, auf ungenießbare »Brüh=Ertoffeln«, unter die ein ganzes Schaf mitgekocht wurde, und ständigen Durchfall hat exemplarische Bedeutung für das Verfahren des Erinnerns, das die gesamte Lebensgeschichte durchzieht. Den jeweiligen Ausschnitt seiner Erinnerung zeichnet eine eigentümliche Tiefe aus, deren Schärfe des Details fast immer bis zum Körper des erlebenden und schreibenden Ichs reicht. Die Freuden und vor allem die Leiden des Schreibenden, die Schmerzen, die er erleiden muß, sind der eigentliche Gegenstand seiner Selbsterfahrung. Ohne daß er in der Lage wäre, diese Selbsterfahrung begrifflich zu reflektieren, begreift er wie selbstverständlich ihren Sinn: den Ablauf des Lebens als Folge von Erlebnissen zu schildern, die der Mensch im eigentlichen Wortsinn erleidet. Von der kindlichen Erfahrung der eingeklemmten Hand in der Schultür bis zum toten Schlafgenossen im gemeinsamen Lazarettbett durchzieht eine Kette solcher Leidenserfahrungen diese Lebensgeschichte. Die in diesen Erfahrungen aufgehobene Sinnlichkeit und Empfindsamkeit seines Ichs spiegelt Pickert zudem in der komplementären Seite seiner Körpererfahrung: den Genuß des Leibes in der Begegnung mit den Frauen. Ein durchgängiger Strom der Erinnerung betrifft Pickerts erstaunlich lange Kette des jeweiligen »Einverständnisses« mit ihnen, das seinen erotischen und sexuellen Umgang mit den Frauen meint.

Die Lebenserfahrungen der Leiden und Freuden des Körpers verwandeln Christoph Pickerts Autobiographie in eine Körpergeschichte ganz eigener Art, von deren sozialer Perspektive »von unten« im Rahmen der Geschichte der Autobiographie der Epoche noch zu sprechen sein wird.

Pickerts Lebensgeschichte durchzieht ein auffällig dichtes Netz von topographischen Namen, die fast immer nach der akustischen Wahrnehmung mitgeteilt werden. Das zeigt sich vor allem in der Wiedergabe der Ortsnamen in Frankreich während seiner Gefangenschaft nach 1806 und dann wieder auf den Märschen im Krieg nach 1812. Daß sie überhaupt für den Schreiber präsent sind, läßt die Vermutung zu, daß Pickert jedenfalls in den Kriegszeiten so etwas wie ein Tagebuch oder ein Notizbuch geführt hat, in dem stichwortartig die jeweiligen Aufenthalte vermerkt wurden. Die auch bei deutschsprachigen Namen zu beobachtende akustisch vermittelte Wiedergabe unterstützt die Charakterisierung der auf sinnliche Wahrnehmung angelegten Natur des Schreibers. Nur sie, nicht das Bemühen um eine intellektuell gesteuerte Wahrnehmung der Welt, lenkt Pickerts Erinnerung an die wichtigsten Plätze seines Lebens, in denen ihm etwas widerfuhr, was in allererster Linie seine Physis betraf. Es fällt auf, daß die Verknüpfung des jeweiligen Ortes mit der Erfahrung des Hungers versus seiner Sättigung zum durchgängigen Motiv seiner Lebenserzählung wird. An ungezählten Stellen berichtet Pickert über das Essen, oft sogar mit einer Abfolge der ihm »gereichten« Speisen. Nächst dem Hunger sind es die Verletzungen seines Körpers, die die Erinnerung an bestimmte Plätze evoziert.

Pickerts Lebensbericht ist in zwei deutlich zu trennende Bereiche geteilt. Was lebensgeschichtlich ganz einsichtig ist, bestimmt darüber hinaus auch die Intention der Darstellung des Schreibens.

Der Zeit von der Geburt 1787 bis zur Rekrutierung 1803

steht die Zeit des Soldaten in den Kriegsereignissen und in der Gefangenschaft einschließlich der nachfolgenden Phase einer sozialen und psychischen Desorientierung des abgedankten Soldaten bis zum Ende der Berichtszeit 1824 gegenüber.

Die Zeit der Kindheit, Jugend und Lehrzeit als Handschuhmacher, die Phase des Lebens in der Heimat, wird als Zeit einer gleichsam paradiesisch garantierten Sättigung des Leibes und eines körperlich-seelischen Selbstgenusses erlebt. Da gibt es die mit Nahrungsmitteln übervolle Vorratskammer der Mutter als eine der frühesten Erinnerungen des Kindes. Die Besuche des kleinen Jungen bei den Zisterzienserinnen im Kloster Althaldensleben werden als eßbare Geschenke erinnert. Der Höhepunkt der unverletzten Daseinsfreude des Jungen aber ist der »Ausbruch der Freuden« der nicht mehr kindlichen Nacktheit beim Baden mit den Mädchen während der Lehrzeit in Wolmirstedt, kurz vor der großen Zäsur der Lebensgeschichte, die mit der Rekrutierung 1803 einsetzt.

Der gerade erwachsen gewordene Christoph Pickert nimmt den Zwang des Soldatenstandes – so scheint es – gleichmütig hin. Die Kette der kriegerischen Ereignisse, von denen er berichtet, bedeuten aber für den jungen Mann das Ende des Unversehrtseins seiner Physis. Von nun an sind die Plätze, die er nennt, zumeist erinnerte Schmerzen an blutende Füße, an Marschstrapazen, die ihm fast die Besinnung nehmen, an Läuseplage in den Schlaflagern, an schlechtes Essen, das krank macht, an den fast abgehackten Finger beim Häckselschneiden. Der beim Auslöffeln der heißen Brühe verbrannte Mund im Gefängnisturm in der Gefangenschaft tritt dem Leser wie ein Symbol vom Ende der Lust der Jugend vor Augen.

Diese Jugend hat in Pickerts Lebensgeschichte zwei Namen: Neuhaldensleben und Wolmirstedt. Bemerkenswert ist, daß beide Lebensorte von Pickert nie als Tableau des bürgerlichen Lebens, als Gemeinwesen mit Plätzen, Straßen, Gärten und öffentlichen Einrichtungen geschildert werden, sondern als Topographien für Begegnungen mit einer kleinen Zahl von Menschen und merkwürdigen Umständen des Lebens. Wieder ist es der Ausschnitt der Wahrnehmung, dessen Beschreibung zur Selbsterfahrung des Autors führt. Exemplarisch dafür kann die Szene mit dem offenbar geistig gestörten Mädchen im Garten seines Lehrherrn in Wolmirstedt verstanden werden. Für Pickert blieb diese Begegnung »bis auf den heutigen Tag ein Räthsel«: der Einbruch des Irrationalen in die geordnete Welt der Handwerker im Haus von Meister Köppe und seiner Familie. Diese Welt wird in jener als Idylle aufgebauten Szene verdichtet, in der der Lehrling mit der Meistersfrau und deren Kind im Korb über Land wandert, um abends mit einem »halb Pfund Fleisch« und »Kuchen« belohnt zu werden. Unmittelbar darauf erfolgt der Einbruch des Dunklen im Leben des jungen Pickert, die Begegnung mit dem verwirrten Mädchen, die wiederum als Vorschein des nahen Todes gelesen werden kann, der als »rothe Ruhr« 1803 durch Wolmirstedt zieht und Meister Köppe in den »Schoß der Erde« führt. Diese bewußt – wenn nicht kunstvoll – komponierte Folge von Zuständen der Verstörung und Trauer markiert den Übergang von der Zeit geschützter Jugend in die Zeit der ständigen Bedrohung des Lebens.

Am 2. Januar 1787 wurde Christoph Pickert in Neuhaldensleben geboren und am 5. Januar in der lutherischen St.-Marien-Kirche auf den Namen Johann Christoph getauft. Diese Namen erhielt er offensichtlich von seinem Paten Johann Christoph Balleger.[11] Als Eltern wurde nur die Mutter Dorothea Margarethe Pickert vermerkt, der Kindesvater fehlt im Kirchenbuch. Pickert hat selbst berichtet, daß er unehelich geboren wurde und sein Vater mit Familiennamen Günzel hieß, der aus Oebisfilde stammte und als Schüler der »großen Schule« in Neuhaldensleben beim Schneidermeister Pickert, dem Vater Margarethes, eine Schlafstätte hatte. Aber ein bemerkenswertes Detail der Herkunft Pickerts hat der Autobiograph nicht mitgeteilt. In der »Schul-Ordnung« jener Schule, die Günzel besucht hat, verfaßt von dem für Neuhaldensleben so verdienstvollen Schulrektor Johann Gabriel Ewald, findet sich auch der Schüler Johann Heinrich Güntzel [sic.] aus Oebisfelde. Ewald bescheinigt ihm »wenig« Fähigkeiten, aber »gute« Sitten und »guten« Charakter. Er verließ die Schule 1786, mit achtzehn Jahren, also noch vor der Geburt seines Sohnes.[12] Margarethe Pickert war erheblich älter als Güntzel. Am 6. März 1812 verstarb sie als Margarethe Hick, geborene Pickert, an »Entzündungsfieber« in Neuhaldensleben und wurde am 8. März begraben. Kurz vorher, am 27. Februar 1812, war ihr Ehemann, der »Arbeitsmann« Christian Hick, Sohn des »Rathsdieners« Johann Jacob Hick, gestorben, beide an einer ansteckenden Krankheit, über deren dramatische Umstände Pickert berichtet. Der kirchliche Eintrag über den Tod der Eltern gibt das Alter der Mutter mit 52 Jahren an, mithin war ihr Geburtsjahr 1760.

11 Geburts- und Taufregister evang.-luth. Gemeinde St. Marien, Bl. 44, Eintrag 20.

12 Johann Gabriel Mathias Ewald: Schul-Ordnung, Historie und Inventarium zu Haldensleben, Nr. 212, S. 22, Kreismuseum Haldensleben.

Somit war Margarethe acht Jahre älter als der Schüler Güntzel.[13]

Sowohl dieser Altersunterschied wie die uneheliche Geburt waren in der Welt, aus der Pickert stammte, kein erwähnenswertes soziales Merkmal. Auch in dieser Hinsicht unbeschwert, wuchs Christoph Pickert im damaligen Neuhaldensleben heran. Die heutige Kreisstadt Haldensleben ist erst seit 1938 aus den vormals selbständigen Gemeinden Neu- und Althaldensleben hervorgegangen, wobei Althaldensleben aus dem 1228 gegründeten Frauenkloster bestand, das Pickert noch in dessen letzter Blüte kennengelernt hat und das erst 1804 aufgehoben wurde.[14]

Neuhaldensleben gehörte zum vormaligen Erzstift Magdeburg, das 1680 in ein weltliches Herzogtum überführt und den Kurfürsten von Brandenburg unterstellt wurde. Die nun beginnende brandenburg-preußische Geschichte der Stadt unterhalb des administrativen, militärischen und ökonomischen Zentrums Magdeburg hat die Sozialstruktur der Stadt durch alle Jahrhunderte bis heute geprägt.

Der erste Chronist des Kreises Neuhaldensleben, Peter Wilhelm Behrends, nennt schon 1824 die drei wichtigsten sozialen Merkmale der Region und des Ortes Neuhaldensleben zur Zeit Pickerts. 1799 zählte die Stadt 2975 Einwohner.[15] Sie war eine typische Ackerbürgerstadt im Kernland

13 Sterberegister evang.-luth. Gemeinde St. Marien, Jg. 1812.

14 Vgl. Ulrich Hauer: Von Kunstgärtnern und Gartenkunst. Die Gärtner und Gärten der Familie Nathusius in Althaldensleben und Hundisburg. Haldensleben-Hundisburg 2005.

15 Peter Wilhelm Behrends: Neuhaldenslebische Kreis-Chronik oder Geschichte aller Oerter des landräthlichen Kreises Neuhaldensleben, im Magdeburgischen. Th. I und Th. II, Neuhaldensleben 1824 und 1826, Th. I, S. 232 ff.

des preußischen Königreichs. Die Bürger, die zum überwiegenden Teil Handwerker waren, trieben im Nebenerwerb Ackerbau, vornehmlich Kartoffelanbau, und hielten in den Hinterhöfen ihrer Häuser Vieh, was das Erscheinungsbild der Stadt bis zur Mitte des 19. Jahrhunderts geformt hat. Noch 1897 berichtet der 1833 in Neuhaldensleben geborene Malermeister Carl Brandt, daß fast jedes Haus Kühe und Schafe besaß. »Die Rinderherde blieb den ganzen Sommer in der Forst, kam Tag und Nacht nicht zu Hause außer den Winter.«[16]

Die Welt der von der Familie betriebenen Handwerke bestimmte die Sozial- und Wirtschaftsgeschichte Neuhaldensleben vor Beginn der Industrialisierung. In dieser Welt lebte auch die Familie Pickerts und die seiner Freunde. Seit der zweiten Hälfte des 18. Jahrhunderts zählte man in Neuhaldensleben über 60 verschiedene Gewerke, unter denen die Textilhandwerker die große Mehrheit bildeten. Es waren Tuchmacher, Leineweber, Damastweber, Schneider und Handschuhmacher, die zur ebenfalls in der Stadt ansässigen Lederverarbeitung gehörten. In diesem Gewerbe kannte sich Pickert besonders gut aus, da er ja – wie er berichtet – auch Lederhosen bearbeitet hat, sicherlich vor allem für die in der Stadt stationierte Kavallerie.

Das Textilgewerbe in der Stadt verdankte seinen Aufschwung auch dem Zuzug französischer Kolonisten, dem nach Behrends zweiten prägenden Merkmal der Stadtgeschichte.

16 Alltagsleben in Neuhaldensleben im 19. Jahrhundert. Aufzeichnungen von Carl Brandt. In: Jahresschrift der Museen des Ohrekreises – Haldensleben und Wolmirstedt –, Bd. 10 (43), 2003, S. 28.

Nach der Aufhebung des Edikts von Nantes 1685 und der nun einsetzenden Vertreibung der Hugenotten aus Frankreich beschloß Kurfürst Friedrich, der spätere erste König in Preußen, über tausend französische Familien in seinen Provinzen anzusiedeln. 1699 mußte Neuhaldensleben 50 Familien »unter vorteilhaften Bedingungen« aufnehmen. »Die französischen Refügirten kamen nun im Sommer dieses Jahres 1699 hieselbst an und wurden vorerst in den Häusern der Bürgerschaft nothdürftig untergebracht.«[17] 1770 kamen weitere protestantische Flüchtlinge aus der Pfalz hinzu und wurden vor der Stadt in der noch heute so genannten Straße »Kolonie« angesiedelt.[18] Wie das Milieu der Textilhandwerker, aus dem Pickert kam, spiegelt sich auch die französische Kolonie vielfach in seiner Lebensgeschichte. Der erwähnte Willem Damersin wird dazugehört haben und die Familie des Damastwebermeisters Massias, in dessen Haus der gerade zum Militär eingezogene Christoph Quartier erhielt. Hier spielte sich die schicksalhafte Begegnung mit Juliane ab, der ältesten Tochter des Meisters. Die Erinnerung an die erste Liebesnacht des Jungen mit ihr durchzieht seine Geschichte bis an deren Ende. Das literarisch verdichtete Bild des Mädchens, in vieler Hinsicht ein Spiegelbild der Mutter Christoph Pickerts, beschreibt einen dunklen Hintergrund in den Bekenntnissen des Autobiographen. Juliane war sicherlich diejenige unter den vielen Frauen, die in seinen Bekenntnissen auf-

17 Peter Wilhelm Behrends a.a.O., S. 232.

18 Sieglinde Bandoly: Haldensleben als Schulstadt. In: Jahresschrift der Museen des Ohrekreises – Haldensleben und Wolmirstedt – Bd. 11 (44), 2004, S. 49. Vgl. auch Willi Koch: Haldensleben von 966 bis zur Gegenwart. In: 1000 Jahre Haldensleben 966-1966, Stadt Haldensleben 1966, S. 51.

treten, die ihn mit allen Konsequenzen liebte. Sie aber wird von ihm in ihrem »Französischen Haus« allein zurückgelassen, da er ihre Einkünfte als zu mager und ihre Jugend als verblaßt ansieht.

1803, kurz bevor der noch keine siebzehn Jahre alte Pickert Soldat wurde und in Rathenow auf die Fahne schwören mußte, konnte er in Magdeburg als Geselle in die Zunft der Handschuhmacher eintreten. Als Geselle arbeitete er im Haus des noch jungen Meisters Christian Matthias Gottlieb Heinemann. Dieser Mann und seine Familie, die oft im Bürger- und Kirchenbuch von Neuhaldensleben begegnen, können exemplarisch für das Leben der Handwerker in der Stadt stehen. 1791 wurde der erst 25 Jahre alte Heinemann nach Bezahlung von 2 Reichstalern und 7 Groschen als Bürger der Stadt »angenommen«. Sein Vater, der Obsthändler Friedrich Heinemann, war Kürassier beim »Leib-Carabinier-Regiment« in der Stadt, und vertritt somit eine typische Existenz der Militärstadt Neuhaldensleben. Das Haus des Handschuhmachers Heinemann stand in der heute noch bestehenden Gröperstraße Nr. 7, unweit des Marktes mit der Marienkirche und dem Rathaus als Zentrum der kleinen Stadt. Wir wissen nicht, wo die Pickerts gewohnt haben, aber möglicherweise auch in der Gröperstraße, denn noch im späten 19. Jahrhundert finden sich hier Namensträger. Als Christoph Pickert zu Meister Heinemann kam, wurden für die Gröperstraße 7 als Bewohner zwei Männer, zwei Frauen, eine Tochter und ein Geselle verzeichnet. Wer zur Familie Heinemanns gehörte, mußte ohne Zweifel im Haushalt des Handschuhmachers mitarbeiten, sicherlich auch in der Werkstatt. Ein solches Schicksal der auch handwerklich arbeitenden Frau in dieser Zeit verkörperte Margarethe Pickert. Sie war nichts weniger als die existentielle Mitte im Leben ihres einzigen Kindes. In den wenigen Äußerungen seiner seelischen Erregungen beherrscht die Mutter fast allein die Bekenntnisse des Sohnes. Ihr »unermüdeter« Fleiß als Schneiderin, die ohne Bindung an eine Zunft in der Stadt und auf dem Land arbeitete, prägen die Erinnerungen an die Mutter. Beweise der Liebe für ihren Sohn formulieren den Grundton der inneren Biographie Pickerts. Um so härter trifft ihn die Nachricht ihres Todes und der armseligen Umstände ihrer letzten Tage.

Auch und gerade das dritte Merkmal der vom Chronisten Behrends charakterisierten Sozialstruktur Neuhaldeslebens zur Zeit Pickerts, die Militärstadt, spiegelt sich in seiner Lebensgeschichte. 1718 wurde die Stadt ständige Garnison für zwei Kompanien des Regiments der »schweren Cavallerie«, die seit 1740 den Namen »Carabiniers« erhielten und seitdem in der Geschichte der Stadt ihre Spuren hinterlassen haben.[19] Das »Leib-Karabinier-Regiment« in Neuhaldensleben gehörte seit 1808 zu den vier Stammregimentern des »Kürassier-Regiments Nr. 6«, in das als Folge des Untergangs der alten preußischen Armee 1806 und nach deren Neuaufbau Pickert nach seiner Entlassung aus der Gefangenschaft eintrat und in dem er bis zu seiner Invalidisierung blieb.[20] »Carabiniers« sind mit Sicherheit alle jungen Männer gewesen, die zum Freundeskreis Pickerts gehörten, denn in der Heeresverfassung des alten Preußens hatte dieses Regiment seinen Rekrutierungsbezirk in Neuhaldensleben und Wolmirstedt.

19 Peter Wilhelm Behrends a.a.O., S. 237.

20 Graf Erich Schack: Geschichte des Königlich Preußischen Kürassier-Regiments Kaiser Nikolaus I. von Rußland Brandenburgisches Nr. 6, o.O. 1932, S. 11 f.

Wolmirstedt, in der Nachbarschaft zu Haldensleben gelegen, nimmt in der Biographie Pickerts aber nicht nur in militärischer Hinsicht einen besonderen Rang ein. Die innere Biographie des Schreibenden spielte vornehmlich hier. Die kleine Stadt war nicht nur der Ort seiner Lehrzeit, sondern Erinnerungsort an die befreiende Kraft der Musik, die in Christoph Pickerts Leben offensichtlich eine wenn auch sparsam beschriebene, gleichwohl gewichtige Rolle gespielt haben muß. Seine vermutlich gute Stimme führte ihn in den Kreis der Kurrendesänger in Wolmirstedt, deren abendliche Auftritte vor der Stadt seine frühen Traurigkeiten zu trösten in der Lage waren. Sein Jugendfreund Rudolf Lemeke und sein Vetter Gottfried lernten beim Stadtmusikus Hinner Hollmann in Wolmirstedt »die Musik«. Stadtmusik zu betreiben war ein Handwerk, das man lernen mußte. In der Person des Hinner Hollmann begegnet dem Leser der Lebensgeschichte wiederum ein aufschlußreiches Abbild der Zeitumstände. Hinner Hollmann war ein invalider Trompeter, der 1779 von der preußischen Domänenkammer in Magdeburg nach Wolmirstedt versetzt wurde.[21] In der Erinnerung an den musizierenden Invaliden meldet sich das künftige Schicksal des Soldaten Pickert.

Kriegsschauplätze: Der Soldat

In Pickerts Erzählung über die Ehe seiner Mutter mit dem Musketier Christian Hick taucht zum ersten Mal in seiner Lebensgeschichte der Begriff vom »Kantonierungs-Quartier« auf, der sich in seinem Text immer wieder findet. Wenn

21 »4. November 1779«, (Bürgerbuch) Stadtarchiv Wolmirstedt.

Leib-Karabinier-Regiment (Kürassier-Regiment Nr. 11) 1806.
(Museum Haldensleben)

Pickert von »Quartier« spricht, lenkt seine Darstellung den Blick zuerst auf eine seiner vielen Episoden des Essens, des guten oder schlechten Lebens, der Begegnungen mit den Frauen und andere Szenen seines Lebensgefühls. Zugleich aber muß das »Kantonierungs-Quartier« als ein Schlüsselbegriff für den militärgeschichtlichen Kontext gelesen werden. Der Soldat Christoph Pickert steht beispielhaft für die historische Situation der preußischen Armee in einer entscheidenden Stunde ihrer Geschichte. Alles, was Pickert als gerade eingezogener Kürassier im Ablauf des Krieges gegen das napoleonische Frankreich erlebt, läuft auf den historischen Wendepunkt der alten, hochgerühmten friderizianischen Armee, ihren Untergang in der Doppelschlacht von Jena und Auerstedt 1806 und ihren Neuanfang in den Jahren nach 1808 hinaus. Auch wenn Pickert nicht zu begreifen vermag, was mit dem preußischen Staat, seiner Gesellschaft und damit auch mit dessen Heeresverfassung unter den Schlägen Napoleons geschieht, nimmt er doch die Folgen des Zusammenbruchs Preußens in der Desorientierung der militärischen Organisation, der Kapitulation seines Truppenteils und der nachfolgenden Gefangennahme seiner Kompanie wahr.

Wie ein Symbol des Niedergangs des feudalen Preußens muß daher das Ende der sogenannten »Kantonverfassung« des Heeres, aus der die »Kantonierungs-Quartiere« hervorgingen, verstanden werden. Die Kantonverfassung war zum Kernelement der Heeresentwicklung geworden, die zur Ausbildung des sprichwörtlichen »Staates im Staat« für die preußische Armee geführt hatte. Die Macht der Armee im Selbstverständnis des Staates und im Selbstbewußtsein seiner Eliten waren wesentliche Ursachen für die Ignoranz gegenüber jeder Form politischer Veränderung im Machtapparat des preußischen Ständestaates. Diese Zustände führten zur Versteinerung der Funktionsfähigkeit des Heeres und zur Überalterung seiner Führung, gewichtige Ursachen für das Scheitern Preußens in der militärischen Auseinandersetzung mit dem revolutionären Frankreich unter der Führung Napoleons. Die Kantonverfassung endete mit der preußischen Kapitulation. Im Zeichen der preußischen Reformen und der dadurch begonnenen Einführung der »Allgemeinen Wehrpflicht« von 1814 war auch die Kantonverfassung des Heeres obsolet geworden. Pickerts Bericht, der mit den Folgen des alten Systems für den »gemeinen Mann« beginnt, ist daher ein aufschlußreiches Zeugnis einer historischen Wende der preußischen Geschichte.

Die preußische Heeresverfassung beruhte auf der 1733 endgültig eingeführten Regelung, daß die »inländischen« Mannschaften, die preußischen Untertanen, soweit sie nicht vom Militärdienst befreit waren, mittels der Kantonverfassung erfaßt und rekrutiert werden mußten. Zugleich wurde das System der Anwerbung »ausländischer« Soldaten praktiziert, um die nötige Zahl wehrfähiger Männer für die Armee sicherzustellen. Die Kantonverfassung hatte das preußische Königreich in Bezirke, Kantone, aufgeteilt, die jeweils einem Regiment zugeteilt wurden. Diese Bezirke waren in Kompaniebezirke unterteilt, die die Aushebung der Mannschaften für die Rekrutierung betrieben. Jedes Regiment hatte in den Kantonen freie Hand für Aushebung oder Anwerbung junger Männer. In diesem System lag die Wurzel für die überragende Rolle der Regimenter im preußischen Militärstaat. Die Regimenter – allerdings nicht nur in Preußen – waren bis zum Ende der Monarchie nach ihren »Inhabern« benannt, meist prominente höhere

Offiziere, Mitglieder des Herrscherhauses oder befreundete Souveräne. Auch in Pickerts Militärzeit spielt der Inhaber seines Regiments in seiner Wahrnehmung eine Rolle, wenn die Kürassiere vor dem späteren Zaren Nikolaus I. paradieren müssen. Das Regiment sollte die Lebensmitte des Soldaten während seiner langen Dienstzeit sein, die ideologisch erwünschte »Mutter« im preußischen »Vaterland«. So spielen sowohl für Pickerts Stiefvater wie für ihn selbst die jeweiligen Regimenter eine große Rolle für das tagtägliche Leben des »Gemeinen«. Die wichtigste Aufgabe der Kantone bestand in der Bereitstellung der Quartiere sowohl für die Mannschaften wie für die Offiziere, die alle in Privatquartieren untergebracht werden mußten, daher die Bezeichnung »Kantonierungs-Quartier« auch bei Pickert. Was in Pickerts Lebensgeschichte episodenhaft erscheint, bestätigt der Blick auf die historische Wirklichkeit des Kantonsystems in Neuhaldensleben. »Die Haldensleber Carabiniers lagen ebenso wie die anderen, in Kleinstädten untergebrachten Kompanien des Regiments in Bürgerquartieren, namentlich bei den Ackerbau treibenden Hausbesitzern, die für die einquartierten Offiziere und Mannschaften ein sog. Servicegeld, das von der Bürgerschaft aufgebracht werden mußte, als Entschädigung erhielten. Für einen ledigen Unteroffizier wurden 21 Groschen, für einen beweibten 1 Th[aler], 6 Gr[oschen], für einen ledigen Carabinier 9 Gr[oschen], für einen beweibten 18 Gr[oschen], für jedes Pferd 3 Gr[oschen] monatliches Servicegeld im Jahr 1764 gezahlt.«[22]

22 Karl Tiemann: Haldensleben als Garnisonstadt im 18. und 19. Jahrhundert. In: Jahresschrift des Kreismuseums Haldensleben, Bd. 8, Haldensleben 1967, S. 30 f.

Die Mannschaften setzten sich in der Regel aus 60 Prozent »Kantonisten«, also die durch das Kantonsystem Eingezogenen, und aus 40 Prozent Geworbenen zusammen. Die Dienstzeit für die Kantonisten betrug zwanzig Jahre als Regelzeit, für die Geworbenen zwölf Jahre. Innerhalb dieses langen Zeitrahmens verkürzten sich in Friedenszeiten die aktiven Zeiten auf relativ kurze Phasen. Die Rekrutenzeit, die sich ja auch im Pickertschen Bericht spiegelt, betrug durchschnittlich ein Jahr, oft auch nur drei Monate. Auch nach dem Rekrutenjahr war die Dienstzeit je nach den Erfordernissen des Regiments ganz unterschiedlich gestaltet. Pickerts Stiefvater beispielsweise mußte als »gemeiner« Musketier dann und wann zur »Revue« antreten oder im Frühjahr und im Herbst zum Exerzieren und zu Manöverübungen einrücken. Die übrige Zeit verbrachte er in seinem Quartier in Neuhaldensleben beim Tuchmacher oder zum Dachdecken als Broterwerb.

Die zwanzigjährige Dienstzeit blieb trotz temporärer Freizügigkeit eine Zwangseinrichtung des Staates gegenüber seinen Untertanen. Dieser Zustand war die Ursache dafür, daß es sozialem Abstieg gleichkam, wenn ein junger Mann Soldat werden mußte, wie das von Pickert berichtete Beispiel der Schwester seiner Mutter zeigt, die den Musketier Hick als Ehemann der Mutter nicht bei sich zu sehen wünschte, »den selbiger Zeit wurde dieser Stand [des Soldaten] wenig geschätzt«.

Das geringe gesellschaftliche Ansehen des Soldaten hatte seine Ursachen darin, daß in der Ständegesellschaft Preußens nur die unteren sozialen Schichten der Bevölkerung zum Wehrdienst herangezogen wurden. Unterhalb des Adels, der nach den Festlegungen des »Allgemeinen Preußischen Landrechts« von 1794 ohnehin als »erster Stand im

Staate« die Offiziersstellen einzunehmen hatte, sorgte die Institution der »Exemtion« dafür, daß große Teile der bürgerlichen Schichten nicht zum Wehrdienst eingezogen wurden. Die vom Staat aus Gründen der Staatsräson, vor allem aus volkswirtschaftlichen Zwecken verfügte Befreiung vom Kantonsystem, die 1792 in der Praxis noch erhöht wurde, befreite außer den Adel, Besitz- und Bildungsbürgertum auch ganze Landschaften und Industrieregionen sowie große Städte wie Berlin, Potsdam, Brandenburg und Magdeburg vom Zwang zur Erfassung zum Militärdienst, da das Wirtschaftsleben an diesen Plätzen nicht gestört werden sollte. »Die Militärpflicht erfaßte fast ausschließlich die ungelernten Arbeiter, die kleinen Handwerker und Söhne von Kleinbauern [...]. Sie belastete also den ärmeren Teil der Landbevölkerung und die mittleren und unteren Schichten der Bevölkerung in den Städten.«[23]

Diese so eindeutig als Instrument einer Ständegesellschaft gekennzeichnete Armee war zudem noch in ihrem Ansehen nach innen und außen durch eine hohe Zahl von Deserteuren und durch die berüchtigte Strafpraxis bei Vergehen der Mannschaft wie Spießruten, Stockschläge, Hiebe mit kleinen mit Draht bezogenen Röhrchen belastet.

Diese auch zivilisatorisch derart zurückgebliebene Armee, das getreue Abbild der gesellschaftlichen Zustände Preußens, erlebte ihren Zusammenbruch in der Doppelschlacht von Jena und Auerstedt im Oktober 1806. Da dieses Ereignis – die berühmte »Bataille«, die »der König ver-

23 Rainer Wohlfeil: Vom Stehenden Heer des Absolutismus zur Allgemeinen Wehrpflicht (1789-1814). In: Handbuch zur deutschen Militärgeschichte 1648-1939. Militärgeschichtliches Forschungsamt, München 1979, Bd. 1, S. 86.

lohren« hat – den Auftakt zum politischen Ende fast des gesamten preußischen Staates bedeutete und zum Frieden von Tilsit 1807 führte, der die Hälfte des preußischen Staatsgebietes an die Satellitenstaaten Napoleons auf deutschem Boden abtrat, mußte »Jena und Auerstedt« für die preußisch-deutsche Geschichtstradition zum symbolisch überhöhten Wendepunkt von Niedergang und Wiederaufbau des preußischen Vaterlands aufsteigen.

In Pickerts Rückblick auf die Tage von Jena und Auerstedt, die er unversehrt überlebte, findet sich kein Bezugspunkt zum hohen Ton der patriotischen Bewegung in den Jahren der Sammlung der Reste von Armee und Staat zwischen 1806 und 1813/14, wie sie die hochgestimmten völkischen Botschaften eines Ernst Moritz Arndt oder die Verse Theodor Körners verbreitet hatten. Von der in Verse stilisierten Stimmung vom Haß auf die ins Vaterland eingedrungenen Franzosen bei Körner:

> Gebt kein Pardon! Könnt ihr das Schwert nicht heben:
> So würgt sie ohne Scheu
> und hoch verkauft den letzten Tropfen Leben!
> Der Tod macht frei.[24]

ist in Pickerts Erinnerungen nach 1824 auch in Ansätzen nichts zu spüren. Auch von dem von der Geschichtswissenschaft konstatierten »Rückbezug auf den Freiheitskampf gegen Napoleon«, der »ein konstitutives Element der nationalen Bewußtseinsbildung« wurde, liefert Pickerts Text keinen Beleg.[25]

24 Theodor Körner: Lied der Schwarzen Jäger. In: Leyer und Schwerdt von Theodor Körner. Berlin 1814, S. 45.

25 Otto Dann: Nation und Nationalismus in Deutschland 1770-1990. München 1993. Zit. nach: Ferdi Akaltin: Die Befrei-

Pickert, dessen Regiment zur Hauptarmee unter dem Befehl des Herzogs Carl Wilhelm Ferdinand von Braunschweig gehörte, stellt eine winzige Beobachtung der Topographie, die allerdings in der Berichterstattung über die Schlacht oft erwähnt wird, an den Anfang seiner Darstellung: den aufsteigenden Nebel am Morgen des vierzehnten Oktober. In seiner Darstellung aber bleibt dieses erinnerungswürdige Detail charakteristisch für Pickerts Perspektive auf das gesamte Ereignis. Nur sehr indirekt werden die in der Geschichtsschreibung analysierten Ursachen für das taktische und operative Versagen der preußischen Heeresführung gegenüber der französischen Armee auch bei Pickert deutlich: Zersplitterung der Kräfte, Desorientierung der Truppen mangels eindeutiger Befehlsgewalt, der Zweifel der Preußen an der eigenen Kraft und die nachfolgende allzu schnelle Bereitschaft zur Kapitulation, wie sie Pickert in seinem eingeschränkten Wahrnehmungsbereich selbst erlebte. Das in der patriotischen Geschichtsschreibung der Deutschen im 19. Jahrhundert so hoch angesetzte Ereignis der gegen die Franzosen verlorenen Schlacht ist für Pickert der Ausgangspunkt für eine Folge von Erfahrungen, die ihn in der ihm eigentümlichen Sicht auf die eigene Physis viel tiefer getroffen haben als die Bedrohung von Gesundheit und Leben im Getümmel des Kampfes Mann gegen Mann.

Der »Tod fürs Vaterland« war schon vor der Napoleonzeit ein beliebtes Motiv der großen Literatur geworden und hatte in der Kunst berühmte Beispiele hervorgebracht. Der Krieg gegen die französischen Eindringlinge steigerte dieses

ungskriege im Geschichtsbild der Deutschen im 19. Jahrhundert. Frankfurt/Main 1997, S. 13.

Motiv noch in der ersten Hälfte des 19. Jahrhunderts zu einem patriotischen Hochgesang. Mit Sicherheit haben weder die hier einschlägige Literatur noch die entsprechende Malerei Pickert erreicht, am ehesten noch in den populären Medien der Graphik und belletristischen Buchkunst.

Aber auch die nach dem Ende Napoleons, nach der Schlacht von Waterloo im Juni 1815, angewachsene Memoirenliteratur vor allem der Offiziere, die in den Reihen der Alliierten an den Kämpfen teilgenommen hatten, kannte Pickert mit großer Wahrscheinlichkeit nicht. Daß er die »Kriegs Periode« nur »ganz kurtz abgefaßt« habe, bestätigt sich gerade in der ausgesparten oder gar nicht mehr präsenten Erinnerung an den Verlauf der Schlachten im einzelnen, an denen er seiner Chronologie zufolge teilgenommen hatte.

Das Schlachtfeld von Jena und Auerstedt erscheint zwar vor den Augen des Lesers, aber doch nur mit einem für Pickerts Wahrnehmung charakteristischen Detail, den abgeschossenen Füßen der Pferde seiner »Vorderleute«, nicht im Gang des für die Preußen so verhängnisvollen militärischen Geschehens in seinen verschiedenen Phasen. Vor allem die Entscheidungsschlacht der Alliierten gegen Napoleon, der Tag und die Nacht vor Waterloo, wurden von Pickert nicht beschrieben. Sein Regiment aber muß mitgekämpft haben, das läßt sich sowohl aus der Militärgeschichte wie aus seinem Bericht schließen. War schon das Ausmaß der Kämpfe von Artillerie, Infanterie und Kavallerie des preußischen Heeres bei Jena und Auerstedt furchtbar, so steigerte sich die gegenseitige Gewalt der Parteien in der vielbeschriebenen Völkerschlacht bei Leipzig 1813, die Pickert ja auch erlebt hatte, und dann nochmals bei Waterloo zu einem Gemetzel, wie es die Kriegsgeschichte Europas vorher nicht gekannt hatte. Die zeitgenössischen

Berichte, die mit Einzelheiten nicht sparen, beschreiben das Schlachtfeld mit nach Tausenden zählenden Toten und Verwundeten.

Diese Form des Massentodes findet bei Pickert keinerlei Interesse. Der Tod im Krieg kommt bei ihm anders daher als in heroischer Betroffenheit durch den »Tod fürs Vaterland« oder durch die Intensität großräumiger Schlachtenbeschreibung. Zwei charakteristische Belege seiner Lebensgeschichte zeigen den von ihm erfahrenen Tod als den Tod eines einzelnen Menschen, der ihm nahesteht, dessen unvermitteltes Ende auch ihn erschüttert.

Im Lazarett der Festung Marsal, der ersten Station der Gefangenschaft, liegt sein Kamerad Schulze morgens tot im gemeinsamen Bett und wird anschließend in ein vom Wasser überschwemmtes Grab gelegt, wo er nur mühsam »gebettet« werden kann. Eine abgründige Szene, in deren Schilderung die Bewegung des Schreibenden kaum unterdrückt wird.

Die Nachricht vom Tod der Mutter als Folge der Kriegshandlungen für die Zivilbevölkerung – der zweite Beleg –, die ihn auf dem Feldzug gegen den aus Elba geflohenen Napoleon trifft, macht ihm die nun eingetretene existentielle Einsamkeit bewußt, gräbt sich ihm wie eine Wunde ein, die sich bis zum Ende der Lebensgeschichte nicht mehr schließen läßt.

Wie oft in Pickerts Lebensgeschichte überwiegt auch an den wenigen Stellen, in denen unmittelbar von seinen Gefühlen die Rede ist, die realistische, um nicht zu sagen materialistische Perspektive seines Erzählens. Immer bleibt die Selbsterfahrung eingebettet in Episoden der Leiden und Freuden des Körpers, der Erwartungen und oft auch Enttäuschungen im Umgang mit anderen Menschen.

In der langen Phase des Krieges, in der Zeit von 1806 bis zum endgültigen Rückzug aus Frankreich nach 1815, werden Pickerts Erlebnisse oft transparent zum zeitgeschichtlichen Hintergrund, der das jeweilige Erlebnis ausgelöst hat. An solchen Stellen liest sich diese Autobiographie als ein bisher nicht bekanntes historisches Dokument. Das wird an zwei Stellen besonders deutlich. Zum einen im Bericht der Gefangenenrevolte beim Kanalbau in Frankreich und zum anderen in der Geschichte von Pickerts Rolle als Stellvertreter-Soldat während der Zeit der »Westphälinger« zwischen 1807 und 1813.

Nach ihrem Aufenthalt in der Festung Marsal bei Nancy mußten die preußischen Gefangenen im Herbst 1807 zum Weiterbau des »Kanals de l'Ourcq« im Abschnitt zwischen Paris und Meaux antreten. Dieser Kanal, der schon als Gesamtplan einer Verbindung verschiedener Wasserwege Frankreichs seit 1415 im Bau war, wurde durch Kaiser Napoleon zum Prestigeobjekt des Ausbaus der Stadt Paris zur »Kapitale Europas«, wie Napoleon im März 1805 verkündet hatte. Im August 1808 arbeiteten mehr als 300 preußische Gefangene im Bereich des »Bois Saint-Denis« bei Paris an diesem Werk. Einer von ihnen war Christoph Pickert. Wenngleich die Verfügungen des napoleonischen Kriegsministers vom Oktober 1806 die Zwangsarbeit von Kriegsgefangenen genauestens geregelt hatten, traten sicherlich nicht nur in dem von Pickert überlieferten Fall Proteste gegen die Arbeitsverhältnisse auf, die zur Revolte der preußischen Gefangenen führten. Das Erinnerungsvermögen Pickerts hatte nicht versagt. Eindrucksvoll bleibt, mit welch realistischer Schärfe bis zu den eingesetzten Schaufeln und anderen Werkzeugen die Szene rekonstruiert wird.

Noch präziser, weil dem eigenen Körper näher, verfahren die Lebenserinnerungen im Fall des Freikaufs vom Wehrdienst, bei dem Pickert sich als Stellvertreter für einen Wehrpflichtigen anbietet. Ein begüterter Mann sucht für seinen Sohn einen Stellvertreter, den er in dem armen Pickert findet. Der Stellvertreter verkauft im Fall des Kriegseinsatzes sein Leben. Der Anfang 1809 aus Frankreich nach Haldensleben zurückgekehrte abgedankte Soldat Pickert besitzt nichts mehr als abgetragene Kleider und einen gesunden Leib und offensichtlich gutes Aussehen. In der Heimat erwartet ihn das Dilemma, Preuße sein zu wollen, aber staatsrechtlich ein »Westphale«, ein Angehöriger des 1807 geschaffenen Königreichs Westphalen, zu sein, zu dem auch Haldensleben als Teil des Elbe-Departments im neuen Staatsgebilde gehörte. Diese Napoleonische Gründung hatte zwar eine Reihe von fortschrittlichen Neuerungen im Rechtsleben und in der Wirtschaftsverfassung gebracht, aber es produzierte auch einen wachsenden Bedarf an Soldaten, die auf allen Kriegsschauplätzen der französischen Armee kämpfen mußten. Besonders drohte auch den »Westphalen«, im berüchtigten Feldzug Napoleons in Spanien unterzugehen. So findet sich auch der Name von Christoph Pickert als Nummer 20 in der 1808 angelegten Konskriptionsliste, dem Verzeichnis der zum Wehrdienst heranzuziehenden Männer, in der »Mairie« von Neuhaldensleben.[26]

Pickert glaubte nun – irrtümlich – sich materiell zu sanieren, indem er als abgedankter Preuße von weiteren

26 »Haupt-Concripstions Liste von der Commune Neuhaldensleben v. 1. Januar 1783 – bis ult. Dec. 1787«, Kreis- und Stadtarchiv Haldensleben.

Dienstpflichten frei sei und sich als Soldatenstellvertreter in Westphalen verdingen könnte. So schloß er einen entsprechenden Vertrag mit dem reichen Bauern Röber aus Dreileben. Die Lebenserinnerungen geben diesen Vertrag Punkt für Punkt wieder. Ohne Emotionen, in einer gänzlich materialistisch gesteuerten Perspektive teilt der Berichterstatter mit, daß beispielsweise »dreyhundert Thaler«, »Leinwand zu zwey paar Beinkleider« und ein »fetten Hammel« für den Körper des Stellvertreters zu zahlen sind. Ein in dieser Ausführlichkeit seltenes Dokument der Sozialgeschichte Preußens dieser Epoche.

»Lebens-Geschichte«:
Der arme Mann in Neuhaldensleben

Als der Gefangenenwärter und nachmalige Gerichtsbote Johann Christoph Pickert sich in Brandenburg daranmachte, seine Lebenserinnerungen niederzuschreiben, wollte er nicht »Badeln« oder gar beim Bericht über die »Kriegs Periode« aus der Zeitung »deklamieren«. Selbstbewußt griff er nach einer anspruchsvollen, weil traditionsreichen Überschrift seiner Niederschrift: »Lebens=Geschichte des Unterofficier Pickert«. Dieser Titel enthält Benennungen, die in Pickerts Überlegungen dem Leser seiner Aufzeichnungen Hilfen für das Verständnis seiner Lebenserinnerungen geben sollten.

Die Nennung »Unterofficier« bezeichnet sowohl die Person des Schreibers wie den zeitlichen Rahmen der Aufzeichnungen. Der Unteroffizier Pickert spricht hier nicht ohne Stolz von seinem in der Armee erreichten Rang, der bei guter Führung den Mannschaften im preußischen Heer nach zehnjähriger Dienstzeit offenstand. Der Mann in Brandenburg, der sich vordem als Soldat und zeitweiliger militärischer Führer eines Lazaretts auf seinen Ordnungssinn so viel zugute hielt, wird auch als Gefangenenwärter und Gerichtsbote auf seinen militärischen Status Wert gelegt haben. Zugleich aber blieb er doch nur ein armer Mann, der, wie es sein Herkommen als Kantonist bewiesen hatte, aus der sozialen Randschicht der Kleinhandwerker stammte und auch in Brandenburg keinen hohen sozialen Status erreicht hatte.

Der schreibende Unteroffizier steht aber auch für das, was ihm in seinem bisherigen Leben erinnerungswürdig erschien. Obgleich er die »Kriegs Periode« nur »kurtz« behandeln wollte, umfaßt sie – einschließlich der Jugend- und Lehrzeit – doch allein jenen Zeitrahmen, den Pickert mit dem gewichtigen Begriff einer »Lebens-Geschichte« versehen hat. Bemerkenswert bleibt, daß Pickert sein weiteres Leben in Brandenburg nicht mehr in diese Lebensgeschichte einschloß. Er war nur siebenunddreißig Jahre alt, als er ins Invalidenhaus ging. Die nun begonnene Zeit der Eheschließung und Familiengründung, der neuen Arbeit am neuen Lebensort hat er nicht mehr in seine Lebensgeschichte aufgenommen. Pickert wollte offensichtlich keine Kriegsgeschichten erzählen, aber nur die Zeit des Krieges sieht er in seinem Leben als so wesentlich an, um ihr durch die Niederschrift Sinn zu verleihen. Diesen scheinbaren Widerspruch kann die Hermeneutik der Gattung Autobiographie auflösen, so, wie sie Wilhelm Dilthey gültig gedeutet hat, so daß sie auch für Pickert gelten kann.

Dilthey hat in seinem »Aufbau der geschichtlichen Welt in den Geisteswissenschaften« die Kategorie der Deutung des Lebens als »Selbstbiographie« bestimmt: »Sie ist eine

Deutung des Lebens in seiner geheimnisvollen Verbindung von Zufall, Schicksal und Charakter. Wohin wir blicken, arbeitet unser Bewußtsein, mit dem Leben fertigzuwerden. Wir leiden an unseren Schicksalen wie an unserem Wesen, und so zwingen sie uns, uns verstehend mit ihnen abzufinden. Vergangenheit lockt geheimnisvoll, das Gewebe der Bedeutung ihrer Momente zu erkennen.«[27]

Fern jeder begrifflichen Reflexion hat Pickert dennoch die Arbeit des Bewußtseins auf sich genommen, »mit dem Leben fertigzuwerden«. Nach Beendigung seiner Lehrzeit wollte Pickert in die Welt gehen, so wie die Handwerksgesellen der Zeit üblicherweise ihre Wanderschaft antraten, um in manchen Fällen sogar, am Ende dieser Zeit des Sammelns von Erfahrungen in der Welt, ihre Lebensgeschichte für Familie, Enkel oder für die Nachwelt aufzuschreiben. Pickert mußte 1803 zum Militär, seine Welterfahrung war mithin die »Kriegs Periode«. Daß er sie nur »kurtz« abhandelte, soll heißen, daß er den äußeren Verlauf der Ereignisse in dieser Zeit für seine Lebenserfahrung als nicht wesentlich ansah. Nur die innere Erfahrung zählte für ihn, auch wenn er diese Erkenntnis nicht oder nur rudimentär auf einen Begriff bringen konnte. Die Fülle heterogener Erlebnisse, die die extremen Situationen des Krieges bereithielten und die zu seiner Selbsterfahrung führten, mußten am Ende dieser Lebenszeit verstanden werden, um dem vergangenen Leben Sinn zu geben. So griff Christoph Pickert zur Feder, um seine Autobiographie zu schreiben. Wie keine andere Situation seines Lebens griffen die Jahre

27 Wilhelm Dilthey: Der Aufbau der geschichtlichen Welt in den Geisteswissenschaften. In: W. D.: Gesammelte Schriften, Bd. VII, 1927, S. 74.

unter den Soldaten, die Epoche der immer wieder aufbrechenden Kampfhandlungen, der tagelangen Märsche, der Biwaks, Gefangenenlager und Einquartierungen, so tief in seine Existenz ein, daß er sich erst in der Niederschrift der Erinnerungen aller dieser Erlebnisse als dem zentralen Teil seines Lebens bewußt wurde. Erst diese Erfahrungen weckten die Empfänglichkeit und Wahrnehmungsfähigkeit seines Wesens, die Sinnlichkeit seines Körpers. Es waren die Jahre außerhalb eines Rollenzwangs der bürgerlichen Welt, die Zeit der Libertinagen und Freizügigkeiten der Soldateska, die diese Erlebniswelt prägten. Es waren auch die Jahre, in denen Pickert etwas von der Welt sah, fremden Ländern und ihren Menschen begegnete. Erinnert sei nur an die Bemerkung Pickerts, daß er in Villers am Atlantik zum ersten Mal »das große Meer« sah.

Leiden und Freuden des Soldatenlebens kulminieren bei Pickert in jener Szene, in der eine fortwährende Krankheit nach ihm greift. In einem Quartier bei Huy hatte er sich 1814 offensichtlich eine Geschlechtskrankheit zugezogen, deren Folgen ihn in einen Zustand der Reue versetzt haben.

Pickerts »Lebens-Geschichte« ist eine Körpergeschichte, die in allen Facetten ihrer Darstellung die Erzählperspektive der Autobiographie bestimmt. Der besondere Reiz dieser Körpergeschichte liegt in der sozialen Perspektive »von unten«, die auch die sprachliche Gestalt seiner Lebensgeschichte beherrscht.

Stephan Elspaß hat jüngst in einer umfassenden Untersuchung zum geschriebenen Alltagsdeutsch im 19. Jahrhundert auf das neue Interesse einer »Sprachgeschichte von unten« verwiesen, die er mit seiner Untersuchung inauguriert hat. Einen Beitrag dazu kann auch die neu aufgefundene Quelle dieser Autobiographie leisten. Sie vertritt jene

Spannung zwischen »Alltagssprache und Hochsprache«, zwischen »konzeptioneller Mündlichkeit« und »konzeptioneller Schriftlichkeit«, die eine »Sprachgeschichte von unten« mitkonstituieren.[28] Pickert bedauert an verschiedenen Stellen, daß er in der Schule zuwenig gelernt habe, so z. B. zu Beginn seiner Biographie: »Ich bin aber kein Schreiber und habe nur wenige Kenntnisse in der Orthographie«. Pickert gehörte zu dem großen Teil der deutschen Sprachbevölkerung, »deren primäre Sozialisation in einer anderen Varietät als Hochdeutsch, der Sprache der Alphabetisierung, stattfand.«[29] Die erste Sprache, die »Sprache der Nähe«, war auch für Christoph Pickert nicht die überregionale Einheitssprache, sondern der Dialekt seiner Heimatregion im Magdeburgischen. Was Pickerts Lebensgeschichte als Spiegel einer Sozialgeschichte der Epoche betrifft, so ist zu bedenken, daß Pickerts Mutter, wie er vermerkt, weder schreiben noch lesen konnte. Ihr Sohn muß ihr die Briefe des Stiefvaters an sie vorlesen. In diesem Umfeld zwischen der »Sprache der Nähe«, regionalem Dialekt, Fach- und Fremdwörtern, vornehmlich des Militärs, und einer weitgehend unregulierten Schriftlichkeit des Hochdeutschen bewegt sich der Duktus seiner Sprache.

Mit dem Anspruch, eine »Lebens-Geschichte« verfaßt zu haben, treten Pickerts Lebenserinnerungen objektiv in die lange Reihe der deutschsprachigen Autobiographien seiner Epoche. Wie in keinem Jahrhundert zuvor entwickelten sich im 18. Jahrhundert unterschiedliche Formen autobio-

28 Stephan Elspaß: Sprachgeschichte von unten. Untersuchungen zum geschriebenen Alltagsdeutsch im 19. Jahrhundert. Tübingen 2005, Vorwort u. S. 27.

29 Ebd. S. 25 f.

graphischen Schreibens, deren Traditionen noch weit ins 19. Jahrhundert reichten. Pietismus und das Interesse der Aufklärung an der gesellschaftlichen Rolle des eigenen Ichs, seiner Selbsterkenntnis, brachten bisher in der Literatur unbekannte Formen beispielsweise der im Tagebuch aufgezeichneten Beobachtung der eigenen Seele und außerhalb der religiösen Sphäre der psychologischen Beschreibung der eigenen Identität hervor. Alle diese Formen traten oft als »Lebensgeschichten« schreibender Personen ganz unterschiedlicher sozialer Gruppen auf. Da wir – bisher – keinerlei Lebenszeugnisse über Christoph Pickert außerhalb seiner Autobiographie kennen, ist es unmöglich festzustellen, welche Sorte von veröffentlichten Lebensgeschichten ihm möglicherweise als Vorbild oder Anregung für das eigene Schreiben hätten dienen können. Waren es jene schon erwähnten Autobiographien von Handwerkern, die eine große Gruppe der »populären« Autobiographie der Zeit ausmachten?[30] Oder, was bei dem Kürassier und Invaliden Pickert naheliegen könnte, waren es die Kriegserinnerungen von Militärangehörigen, die gerade nach dem Ende der »Befreiungskriege« in großer Zahl auf den Markt kamen? Sie allerdings sind fast ausschließlich Erinnerungsliteratur der Offiziere, nicht der »Gemeinen«. Jeder Blick in diese Titelgruppe bestätigt die Vermutung, daß im Milieu ihrer Verfasser, so instruktiv und lebendig sie auch von ihrer Zeit im Krieg berichten, ganz andere Interessen artikuliert werden, ein ganz anderer Ton herrscht als der, den Pickerts »Lebens=Geschichte« kennt. War Pickert Mitglied einer in der Zeit so beliebten Lesegesellschaften oder benutzte er

30 Vgl. Sven Halse: Eine Reise für das Leben. Deutsche Handwerker-Autobiographien 1700-1910. Bremen 2002.

Leihbibliotheken, auch diese Fragen gehören in den Umkreis der Fragen nach den möglichen formalen oder inhaltlichen Vorbildern seiner Lebensgeschichte.

Nur von einer »Lebensgeschichte«, die Pickert hätte kennen können, wünscht man sich, daß er sie wirklich kannte und daß sie seinem Wunsch, aufzuschreiben, was er erlebt hatte, beflügelt haben mag. Ulrich Bräkers »Lebensgeschichte und Natürliche Ebentheuer des Armen Mannes im Tockenburg«, die in den Jahren 1788 und 1789 in Fortsetzungen in der Zeitschrift »Schweizer Museum« erschienen waren, bieten dem Leser Hinweise darauf, in welchem sozialen und moralischen Horizont Pickerts Lebensgeschichte angemessen zu verstehen ist.

Sicherlich weit entfernt vom literarischen Rang Bräkers, von der intellektuellen Vielseitigkeit und Belesenheit eines Autors, der »gegen 4000 Seiten handschriftlicher Aufzeichnungen« hinterlassen hat,[31] und in Kenntnis vieler anderer Unterschiede zwischen Bräker und Pickert, gibt es doch Gemeinsamkeiten im soziologischen und psychologischen Untergrund der beiden Bekenntnisschriften.

Hans Mayer hat in einem bis heute in der Bräker-Literatur überragenden Aufsatz auf die Leiderfahrung des armen Garnhändlers und Hausierers hingewiesen, die Bräker insbesondere in der berühmten Erzählung von seiner Zeit als »Geworbener« im preußischen Heer machen mußte. Die dem Körper und der Seele zugefügten Leiden sind wesentlicher Inhalt der »plebejischen Lebenserfahrung«, deren

31 Andreas Bürgi: Zur historisch-kritischen Edition der Schriften Ulrich Bräkers. In: Das achtzehnte Jahrhundert. Mitteilungen der Deutschen Gesellschaft für die Erforschung des 18. Jahrhunderts. Jg. 17, 2 (1993), S. 130.

Prototyp in der deutschen Literatur Bräker geworden ist.[32] Vielleicht ist es so, daß Johann Christoph Pickert gerade diese Lebenserfahrung über seinen Tod hinaus mitteilen wollte.

32 Hans Mayer: Aufklärer und Plebejer: Ulrich Bräker, Der arme Mann im Tockenburg. In: H. M.: Von Lessing bis Thomas Mann. Wandlungen der bürgerlichen Literatur in Deutschland. Pfullingen 1959, S. 111.

Dank

Die Herausgeber danken – vor allen anderen – Christian Hogrefe und Regina Zimpel, Herzog August Bibliothek, Wolfenbüttel, für immer gewährte, außerordentliche Hilfe bei der Erschließung des Manuskripts und bei der Druckfassung des Buches.

Unser Dank gilt einer Reihe von Persönlichkeiten und Institutionen, ohne deren Unterstützung bei unterschiedlichen Erschließungsarbeiten die Fertigstellung des Textes nicht möglich gewesen wäre.

Bayrisch Gmain: Ehrhard Frühsorge
Berlin: Geheimes Staatsarchiv Preußischer Kulturbesitz
Bern: Prof. Dr. Urs Boschung, Universität Bern
Brandenburg an der Havel: Domstiftsarchiv Brandenburg; Konstanze Borowski; Wolfgang Schößler; Museum im Frey-Haus; Heike Köhler, Stadtarchiv, Anke Richter
Braunschweig: Dr. h.c. Gerd Biegel M.A., Braunschweigisches Landesmuseum; Dr. Roger Thiel
Haldensleben: Kreismuseum; Ulrich Hauer; Kreis- und Stadtarchiv; Sandra Luthe
Hildesheim: Christoph Koschinski, Dombibliothek Hildesheim; Prof. Dr. Josef Nolte, Universität Hildesheim
Hundisburg: Dr. Harald Blanke, Kultur-Landschaft Haldensleben-Hundisburg
Leipzig: Dr. Frieder Schmidt, Deutsche Bibliothek/Deutsches Buch- und Schriftmuseum
Oebisfeld: Friedrich-Karl Sonntag, Stadtarchiv
Schwetzingen: Dr. Andreas Förderer, Koordination UNESCO-Welterbeantrag
Wernigerode: Dr. Christian Juranek, Schloß Wernigerode

Wolfenbüttel: Dr. Peter Bessin; Prof. Dr. Helmuth Henne; Dr. Klaus Thiele; Herzog August Bibliothek; Dr. Werner Arnold; Dr. Gabriele Ball; Prof. Dr. Klaus Conermann; Heinrich Grau; Dr. Christian Heitzmann; Dr. Andreas Herz; Gabriele Jöckel; Dag-Ernst Petersen; Monika Strziga

Wolmirstedt: Karin Bomme, Stadtarchiv

Bibliografische Information Der Deutschen Bibliothek
Die Deutsche Bibliothek verzeichnet diese Publikation in der Deutschen Nationalbibliografie; detaillierte bibliografische Daten sind im Internet über http://dnb.d-nb.de abrufbar.

www.wallstein-verlag.de
Vom Verlag gesetzt aus der Stempel Garamond
Umschlaggestaltung: Susanne Gerhards, Düsseldorf,
unter Verwendung einer Abbildung aus:
C. Röchling, R. Knötel und W. Friedrich:
»Die Königin Luise in 50 Bildern für Jung und Alt«
Druck: Hubert & Co., Göttingen

ISBN-10 3-8353-0037-7
ISBN-13 3-978-89244-0037-8